從秦始皇陵到嵩陽書院
解讀古代建築藝術的深遠影響

過常寶、李志遠 著

遺跡與
文化遺產

玉勒雕鞍遊冶處，樓高不見章臺路。

在這一曲的吟唱中，
這些高門大院、亭臺樓閣、小橋流水、山石花草，
也成為遺蹟，成為過去社會的生活記憶。

目錄

第一章　陵墓遺蹟

第一節　龍盤虎踞樹層層，勢入浮雲亦是崩 —— 秦始皇陵　009

第二節　上谷風塵通大漠，居庸紫翠落層巒 —— 明十三陵　015

第三節　鬱蔥佳氣晝沉沉，五里如雲屬孔林 —— 孔林　022

第四節　昭君自有千秋在，胡漢和親識見高 —— 昭君墓　028

第五節　到底君王負舊盟，江山情重美人輕 —— 楊貴妃墓　034

第二章　庭院遺蹟

第一節　濃春何處歸來早，堆秀山前絳雪軒 —— 故宮　043

第二節　孔府龐然何所觀，衙門模樣海同寬 —— 孔府　051

第三節　春湖落日水拖藍，天影樓臺上下涵 —— 頤和園　058

第四節　太乙高樓燈似晝，未央前殿月移輪 —— 圓明園　065

第五節　適情處處皆安樂，大抵園林勝市朝 —— 拙政園　072

目錄

第三章　神祠遺蹟

第一節　石闕三千一百座，佛光萬丈法無邊 —— 龍門石窟　080

第二節　身毛九色映祥瑞，修凡五彩照人間 —— 莫高窟　087

第三節　水勢山形朝大佛，南北東西引客遊 —— 樂山大佛　098

第四節　世間此帖豈有二，孔廟破石人猶憐 —— 孔廟　104

第四章　工事遺蹟

第一節　秦統九州雄百國，城修萬里壯千秋 —— 長城　119

第二節　偉績居然神禹下，奇才直接五丁來 —— 都江堰　127

第三節　水從碧玉環中過，人在蒼龍背上行 —— 趙州橋　133

第四節　不須候吏沙頭報，驛站懸知是古城 —— 古驛站　140

第五章　樓閣遺蹟

第一節　遍歷江山只此樓，名傳自古今又修 —— 岳陽樓　149

第二節　昔人已乘黃鶴去，此地空餘黃鶴樓 —— 黃鶴樓　155

第三節　落霞與孤鶩齊飛，秋水共長天一色 —— 滕王閣　162

第四節　食薦四時新俎豆，書藏萬卷小琅　—— 海源閣　169

第五節　玉軸牙籤頻自檢，鐵琴銅劍亦兼儲 —— 鐵琴銅劍樓　176

第六章　書院遺蹟

第一節　三湘雋士講研地，四海學人嚮往中 —— 岳麓書院　185

第二節　白鹿無言思故主，古松有色朗新聲 —— 白鹿洞書院　191

第三節　嵩陽書院名天下，司馬範程亦大家 —— 嵩陽書院　198

第四節　石出蒸湘攻錯玉，鼓響衡岳震南天 —— 石鼓書院　205

參考書目

目錄

第一章　陵墓遺蹟

　　早在春秋時，學生子路曾向孔子請教如何祭祀鬼神之事，孔子回答子路說：「不懂得如何與人打交道，怎麼有能力祭祀鬼神？」子路又向孔子請教有關死亡之事，孔子依然沒有正面回答，而是說：「活著如何都不知道，怎麼能知道死後的事呢？」

　　孔子對學生說這段話的本意如何，今天我們不得而知。但是，長久以來中國人追求長生、為他人或自己修建墳墓，以及曾經存在的殉葬現象，都可以證明，並不是每個人都只重視現在，而不談虛無──鬼神與死亡後的事。

　　於是，從古至今，在中國的大地上，就有了無數或奢或簡的陵墓，形成了奇特的陵墓文化。面對古人屍骨的埋藏地，我們無法掩飾內心複雜的感情湧動。於是，在一些詩篇中，就多了一個詞語──陵墓。

　　唐代張說在《過漢南城嘆古墳》中吟詠道：「舊國多陵墓，荒涼無歲年。洶湧蔽平岡，汩若波濤連。上世千金子，潛臥九重泉。松柏剪無餘，碑記滅岡傳。葬於不毛地，咸謂楚先賢。事盡情可識，使人心悵然。」宋代蔡肇的《登城見古陵墓》云：「枯塚至今餘拱木，夾城風雨有孤魂。」北宋張耒的《永寧遣興三首》云：「國破空陵墓，時移改要沖。」明人李維楨的《謁志公塔作二首》云：「野草生煙日暮時，六朝陵墓轉淒其。」清人董敬輿的《重至關中》云：「陵墓纍纍古道旁，我

來憑弔感興亡。碑焚野火埋秦時，瓦出春耕識莧陽。」

　　面對古陵墓，數千年來文人墨客進行著個體與整體的訴說。在數典憶祖的當下，對陵墓遺蹟的歷數與追憶，也許是為「知生」而做的「知死」。

第一節　龍盤虎踞樹層層，勢入浮雲亦是崩 ── 秦始皇陵

　　1974 年的春天，對位於驪山北麓、秦始皇陵東側的西楊村村民來說，並沒有什麼特別。他們為了謀食不得不與天鬥，想辦法弄到水來抗擊乾旱，這已經是他們每年必做的一項集體工程。不過在這一年，他們想打一口大些的井，改變這種年年都要打井抗旱的狀況。

　　幾個人來到村南一片柿林裡，看好一個地方後就開始了挖井的工作。經過三天三夜的挖掘，他們沒有挖到水，卻挖到了一個窟窿。再挖進去一點，竟看到了一個像人頭的東西，儘管是土做的，幾個挖井的村民還是非常緊張，不是因為他們幾天的挖掘勞累沒有得到井水的回報，而是因為當地一個可怕的傳說。在當地，有個「瓦神爺」的傳說，據說「瓦神爺」住在地下，如果有人挖到它，就會接連遇到倒楣事，甚

至會有大災大難。

　　他們又試探著往下挖，漸漸地，一個完整的與人一般大小的土俑出現在了村民眼前。村民們認為它就是「瓦神爺」，很擔心「瓦神爺」要來懲罰他們。這消息就像炸開鍋似的傳開了。

　　當地縣文化館得到這個消息後，馬上組織專家前往考查，以消除村民們的恐慌。經過考證，專家認定這些土俑就是秦始皇的兵馬俑。就這樣，兩千餘年前的秦始皇陵，神祕的面紗被輕輕掀起了一角，立刻讓整個世界無限震驚。

　　三個兵馬俑大坑共有八千餘尊的武士俑、匹馬俑和四萬餘件武器，武士俑那井然的秩序、威武的身軀、逼真的神情，讓今人彷彿看到了兩千兩百年前跟隨秦始皇嬴政一起征戰，並最終統一六國的士兵們的英姿。

　　在兵馬俑被發現並公布於世後不久，1976 年 5 月 14 日，新加坡前總理李光耀就迫不及待地參觀了兵馬俑，並激動地說：「秦兵馬俑的發現，是世界的奇蹟，民族的驕傲。」兩年後，1978 年 9 月，時任巴黎市市長，後曾任法國總統的希拉克在參觀後毫不吝嗇地稱讚說：「世界上曾有七大奇蹟，秦俑的發現，可以說是『第八大奇蹟』了，不看金字塔不算真正到過埃及，不看秦俑不算真正到過中國。」從此，「世界第八大

奇蹟」便成了秦兵馬俑的代名詞。

　　然而，這所謂的「世界第八大奇蹟」只不過是秦始皇陵的一角，已被確認面積為 56.25 平方公里的秦始皇陵，其中還藏有多少玄機、存在多少超乎世人想像的傑作，在沒有深入它內部之前，我們無法知道真相。

　　司馬遷《史記》所記載的秦始皇陵墓的情況，是今天可見的有關秦始皇陵的最早資料。

　　據說，秦始皇剛當上皇帝，就開始在驪山修建陵墓。在他一統天下後，又抓了七十萬壯丁，以加快修建的速度。陵墓有「穿三泉」之深，「下銅而致椁，宮觀、百官、奇器珍怪徙藏滿之」，「以水銀為百川、江河大海，機相灌輸，上具天文，下具地理」。並用人魚膏為材料做成蠟燭，以期長久不滅。為了防止有人進入陵墓偷盜，還讓工匠布置了裝有機關的弩矢，只要有人進入，弩矢就會自動發射。

　　從中，足以看出秦始皇陵是多麼壯觀，多麼現代化。項羽在攻進咸陽後，派了三十萬士兵挖掘陵墓內珍寶，竟然花了三十日都沒能把全部珍寶運完。更神奇的是，據說在項羽派人進入陵墓門時，從陵墓內飛出一隻人造金雁，一直往南飛去。到了三國時期，一個從越南來的人給一位叫張善的官吏送來一隻金雁。張善是一位博學的官吏，從金雁身上的標

誌，一眼就看出來金雁正是從秦始皇陵內飛出來的那隻。如果金雁真的能從陝西飛到越南，可以說，它毫不遜色於今天的自動化裝置。我們亦可以想像，秦朝的機械製造技藝達到了多麼高的程度。

無論是富有神祕色彩的傳說，還是剛剛顯露於世人面前的兵馬俑，都讓那厚厚土層掩蓋的地宮充滿了無限神祕。也許神祕的不僅僅是地宮，還有秦始皇的身世和選址驪山建造陵墓的緣由。

據說，秦始皇本人就是政治投機的結果。秦始皇的父親叫子楚，作為人質被交換到趙國，是一個無足輕重的秦皇子。秦國的國王老了，而太子寵幸的華陽夫人卻沒有為這位即將登基的皇帝生出龍子，這在皇宮中是極其危險的信號。趙國的大商人呂不韋看到了這個政治契機，四處活動，終於讓華陽夫人將子楚認作兒子，使子楚擁有了繼承皇位的權利。當然，這不是呂不韋的最終目的，他把自己最寵愛的歌舞伎獻給了子楚，不久，此女生下一個男嬰，他就是一統天下的秦始皇嬴政。

嬴政十三歲就做了皇帝，但實權卻掌握在呂不韋和他母親手中。這對年少而志向極高的嬴政來說，是難以容忍的。數年之間，他除掉呂不韋和生母，奪回了本該屬於自己的權力。他廣納賢才，並帶領威武雄師，向外擴張，吞併鄰國。

一如後來文人所描述的那樣，「席捲天下，包舉宇內，囊括四海，併吞八荒」。也許正是因為他「揮劍決浮雲，諸侯盡西來」，使得他忘乎所以，以期與天地並存，長生不老。

　　這樣一位機智多謀的君主，為何要把自己的陵墓建在驪山？是「依山環水」的造陵觀念所致？還是如酈道元所說，是因為驪山北面多金子，南面多美玉，於是秦始皇就想在這塊寶地上營建自己的陵墓？

　　有一個傳說，似乎也在揭示著什麼。

　　相傳，秦始皇有一天帶人去驪山遊玩，興致極高。在煙霧繚繞的勝景處遇一美女，她的姿色、舉止令秦始皇深為著迷。他走上前去，欲攜玉手。不過這次秦始皇錯了。這位美人不是需臣服於他腳下的凡間女子，而是一位下凡到驪山遊玩的天上仙女。仙女見到秦始皇輕薄的舉動，大為惱怒，向著他的臉唾了一口唾沫。說也奇怪，這位自視長相英俊瀟灑的秦始皇，臉上立刻長滿了膿瘡。秦始皇怕了，馬上跪地求饒，乞求解藥。仙女用手指了指身旁的一灣清水。秦始皇趕緊掬起水來洗臉，臉上的膿瘡就真的不見了。

　　不過，等秦始皇抬起頭來，才發現那仙女早已不見了。從此，這位仙女成了秦始皇的一個心病。一生迷戀神仙、欲求長生的秦始皇，在生不得長生藥的情形下，也許只能企求

永久地在此等待那位仙女再次到來，恩賜他一顆得以長生的藥丸。

歷經了兩千多年，一直沉睡於地下的威武雄師，隨著保護性挖掘的不斷進展，越來越多地展現於世人眼前。

1980 年，在陵園西側出土的兩輛青銅製車馬再次讓世人震驚不已。兩輛銅製車馬經過修復後，其大小相當於真車真馬真人的一半，總重量約 2.5 噸。經研究確認，這兩輛銅製車馬應該就是依據秦始皇生前的鑾駕樣式製作而成的。兩千餘年前皇帝所乘坐的御駕，首次立體、準確地穿越歷史長河，出現在世人面前。

兩輛銅製車馬分別為「立車」和「安車」。「立車」配有箭弩和盾牌，可以用來行軍打仗。「安車」比「立車」大，可以用來起臥休息。也許，秦始皇數次出巡全國，所御用的就有這樣兩種車馬，「立車」以彰顯其戰鬥雄風，「安車」以緩解其旅途勞頓。

秦始皇陵到底有多大價值？有人說，如果把秦始皇陵地宮打開，讓遊客去參觀，一年的旅遊收入就會高達二十五億元人民幣。可見，不算秦始皇陵本身的歷史文物價值和可能從其內發掘出的珍玩珠寶，單其旅遊價值就足以令人心動。可是，我們應該輕易拂去覆蓋在地宮上的泥土嗎？我們有能

力拂去覆蓋在地宮上的泥土嗎？秦始皇陵不僅僅是個陵墓，它更是中華民族乃至全人類的文化遺產。它的意義，從揭開的一角就可以斷定，已經遠遠超過了金字塔。

秦始皇陵，讓人不僅想起一段段動人的傳說，還有中國封建社會的第一個王朝，書同文、車同軌的開端，殘忍的焚書坑儒，以及陣前倒戈的深遠啟示。

第二節　上谷風塵通大漠，居庸紫翠落層巒 —— 明十三陵

明十三陵為世人所稱道的，除了作為皇家陵園的重要價值，還有整個建築群落與自然環境的協調一致、相映生輝。英國著名史學家李約瑟說，「十三陵將所有的建築，都和風景融會在一起。」

在申報世界遺產時，中國把十三陵建築與大自然山川、水流和植被的和諧統一，「天造地設」的完美境界，所展現出「天人合一」的哲學內涵，作為最主要的理由。2003 年，明十三陵被聯合國教科文組織列入《世界遺產名錄》。

十三陵位於北京市昌平區的天壽山之麓。天壽山屬太行餘脈，太行山起於澤州，蜿蜒綿亙北走千百里山脈不斷，至

居庸關，萬峰矗立迴翔盤曲而東，拔地而起為天壽山。天壽山崇高正大，雄偉寬宏，主勢強力，且形成了一個三面環山、一面臨水、中間為平原的區域，這在風水看來，是再好不過的陵墓之所。

明成祖朱棣早在南京當皇帝時，就認識到北京戰略位置的重要性，並想把帝都從南京遷至北京。1407 年，徐皇后病逝後，他派大臣帶風水術士到北京尋找陵地，經過一年的勘測，終於認定昌平境內的黃土山為絕佳之選。朱棣遂賜黃土山以「天壽山」之美名，並圈地八十里作為陵區禁地。這樣，明朝的帝陵就開始建造了。明代才子梁有譽在其詩作《秋日謁陵眺望二首》中直述其地勢是「上谷風塵通大漠，居庸紫翠落層巒」。

十三陵的每座陵墓都依一座小山而建，各自獨立。陵與陵之間的距離近的約有半公里，遠的有八公里。這十三座陵，除了明崇禎帝的思陵偏在西南一隅外，其餘呈扇面形分列於長陵左右。無論是十三陵的依山而建，還是它們錯落有致的分布，都使陵墓完全融入天壽山優美的景色之中，讓人不禁感嘆此佳作一定出自天工之手。

十三陵的秀麗景色與萬年吉壤，守護著明朝的十三位皇帝、二十三位皇后、兩位太子、三十餘名妃嬪和一位太監。可是，從 1368 年朱元璋建立明朝始，到 1644 年李自成攻進

帝都，崇禎帝朱由檢上吊自殺止，明朝有十六位皇帝，為何現在僅有十三陵？其餘三位皇帝的皇陵在何處？說到此，我們就不能不談起明朝的歷史了。

明朝的開國皇帝是洪武帝朱元璋，他把明朝的帝都建在了南京，因而，他的陵墓建在了南京城外的鐘山腳下，即「明孝陵」。

明朝的第二任皇帝是朱元璋的孫子建文帝朱允炆，他想加強中央集權，於是就削弱各藩王的地方權力。這使得他的叔父、鎮守北平的燕王朱棣極為不滿，並找了一個「靖難」的藉口，大舉起兵進軍南京。在一片戰亂中，朱棣攻克了皇宮，建文帝朱允炆也不見了蹤影，真是「活不見人，死不見屍」。這樣，建文帝的帝陵也就無從說起了。

明朝的第七任皇帝是朱祁鈺。1449 年，他的皇兄明英宗朱祁鎮貿然出擊，被瓦剌部落在土木堡生擒。俗話說得好，國不可一日無主。在這種情形下，朱祁鈺順應太后和大臣的請求，登基稱帝，並改國號為「景泰」。

可是不久，朱祁鎮被釋放歸來，朱祁鈺不想將皇位讓出，就讓朱祁鎮起了太上皇。雖然朱祁鎮無能被生擒，卻還是一心想把皇位奪回來。經過漫長的等待，朱祁鎮終於在1457 年發起「奪門之變」，殺掉臨危受任的親兄弟朱祁鈺，重

新登上了皇帝寶座。

重登帝位的朱祁鎮不但不承認朱祁鈺是皇帝，不讓其葬於明朝的帝陵區，還將朱祁鈺在天壽山陵區內修建的帝陵搗毀。最後，朱祁鈺以「王」的身分葬於北京西郊玉泉山。

這樣，明朝的十六位皇帝，死後葬在明皇家陵園內的就只有十三位了。

不過，明十三陵並不都是明朝建造的。明朝最後一位皇帝崇禎帝朱由檢的帝陵，是由清朝統治者修建的。

1644 年，崇禎帝朱由檢還從未考慮過身後事，李自成就帶著軍隊攻進了北京。明朝的統治已到盡頭，崇禎帝心如死灰，想到祖先的江山就這樣斷送在自己手裡，慚愧之餘，無奈之下，找到煤山上的一棵歪脖樹，用一根繩子結束了自己的生命。在世事紛亂中，誰也沒有工夫把崇禎帝安葬在皇家陵區內。到了清朝順治年間，統治者為了籠絡漢族士人和廣大百姓，把明皇陵內的一座妃子陵改為崇禎帝的皇陵，按照明朝皇帝的禮數把崇禎帝重新安葬於陵內，並把此陵命名為思陵。

陵區內的十三座皇陵，它們的規制、格局基本是相同的，都是借鑑「天圓地方」的理念，建造成前方後圓的布局。各陵前都立有石碑，周圍有陵牆，中軸線上依次為陵門、祾

恩門、祾恩殿、櫺星門、石五供、明樓。明樓內樹碑，上刻皇帝的廟號、謚號。明樓後為寶城，寶城中填黃土，下面就是皇帝和皇后的地宮。每座陵都設有管理皇陵的太監住房、用來種植以供祭祀的瓜果園和守護陵園的衛兵。

不過，十三陵的大小奢簡還是有區別的。在十三陵內，有「三最」：長陵最大，景陵最小，獻陵最樸。

長陵，是明成祖朱棣和皇后徐氏的合葬陵寢，始建於永樂七年（1409 年），完工於宣德二年（1427 年），前後歷經約十八年的時間。由於是天壽山皇陵區內的第一座陵，其建造以宏大為主導思想，占地約十二萬平方公尺。其後十二陵的面積再沒有超過它的。不過我們今天去參觀長陵，就會發現它的「祾恩門」變成了「稜恩門」。為什麼會有這個變化呢？原來，在 1935 年修繕長陵時，不小心把「祾」寫成了「稜」。這一不小心的敗筆，在宏偉、肅穆、莊嚴的長陵中顯得甚為刺眼。

景陵是明宣宗朱瞻基和皇后孫氏的合葬陵寢，始建於宣德十年（1435 年），完工於天順七年（1463 年），斷斷續續用了近二十八年的時間。雖然建造時間不短，但由於此陵選址於天壽山東峰黑山之下，且宣宗有遺詔說：「喪制悉遵皇考洪熙元年五月遺詔，毋改山陵，務從儉約。」既然詔書說不能改動山陵，營建必當遵遺詔進行，可是黑山腳下可供營建陵

墓的土地又不寬廣，於是只能因地勢營建，保留帝陵規制、布局而縮小尺寸。不過沒想到這一縮小，竟成了十三陵之最小，景陵建成後，占地僅 2.5 萬平方公尺，就連明世宗朱厚熜都嫌其狹小，在 1536 年祭拜陵園後，要求對景陵進行擴建。

獻陵是明仁宗朱高熾和皇后張氏的合葬陵寢，位於天壽山西峰下，洪熙元年（1425 年）開建，正統八年（1443 年）完工，前後用了約十八年，占地約 4.2 萬平方公尺。明仁宗為朱棣的長子，在位不到一年就去世了。據史書載他是一位有才能、體恤民情的好皇帝，對於自己的陵墓，他有遺詔說：「朕臨御日淺，恩澤未浹於民，不忍重勞，山陵制度，務從儉約。」他的陵墓設計是由明宣宗親自過問的，在規制上仿效長陵，但為了遵守遺詔，在營建時已經大大縮水，完全沒有了長陵宏偉與氣派，最後成了十三陵中建造最為儉樸的陵墓。

也許會有人問，既然十三陵地上的建築規制、布局都基本相同，那十三陵的地下玄宮究竟是什麼樣子呢？要知道這一點，我們只能透過定陵的玄宮建造樣式加以了解。因為十三陵中，只有定陵的地下玄宮進行了考古挖掘。

定陵是明神宗朱翊鈞和他的兩位皇后的合葬陵。此陵於明神宗生前建造，神宗對此項工程非常重視。在選陵址時，神宗先派大臣和風水術士展開一年的摸排，然後兩次親自前往，最後帶領兩宮皇太后視察現場，最終決定在天壽山的大

峪山東麓營建陵墓。據說在營建定陵時，神宗曾六次到工地查看，最後一次還和隨從的大臣一起在建造好的地下玄宮內飲酒休息。可見朱翊鈞對他的陵墓還是非常滿意的。

不過他怎麼也不會想到，在十三陵中，他生前苦心經營的陵墓竟是第一個被挖掘的。1956 年 5 月，經過認真論證後，專家們開始了對定陵地下玄宮的挖掘，一年後終於成功地挖掘完畢，使整個定陵地下玄宮呈現於世人面前。

定陵地下玄宮是一座規模雄偉的巨大石宮，用巨石壘砌牆壁，雙曲拱券形式的殿頂，沒有一根梁柱，是名副其實的無梁殿。內部分為前、中、後、左、右五座高大寬敞的殿堂，總面積約 1195 平方公尺。殿堂之間有雙扇石門相隔，前、中、後三室特別高大，尊居中路，室前建有精緻的漢白玉石門和門樓。前殿內沒有東西；中殿後部放有三個漢白玉石雕刻的神座，神座前有黃色琉璃五供和青花雲龍紋大瓷缸；後殿內放有棺床，棺床上有明神宗朱翊鈞和兩位皇后的棺槨，棺槨上有儀仗、銘旌，周圍還有玉石、梅瓶、二十六個朱漆木箱和孝靖皇后的壙志，地面鋪砌的是磨光的花斑石。左、右配殿分居於中殿兩側，地面鋪青白石，內沒有任何東西。

如果十三陵地上與地下的建築規制都基本相同，透過這個皇帝生前就花費許多心血而營建的地下玄宮，我們不難想像出其他陵墓的地下玄宮是什麼樣子。

十三陵，一個少有的皇家陵園建築群，它不以爭奇鬥豔的建造風格獨立於世，而是以「毋改山陵」的遺訓，依山借景，形成了與周圍環境和諧共生的自然與人文遺蹟。

第三節　鬱蔥佳氣畫沉沉，五里如雲屬孔林 —— 孔林

孔林，又名「至聖林」，人們美譽其為「天下第一林」。

它位於山東省曲阜市城北，是孔子及其後裔的家族墓地。孔子於魯哀公十六年（西元前 479 年）四月安葬於此，至今已有近兩千五百年的歷史。不過最初時孔林還沒有現在的規模。自漢代起，統治者開始重視孔子的儒學思想，也就開始了修繕、擴建孔林的工作。經過大大小小十三次的重修、增修，以及孔子後裔不斷安葬於此，終於形成了今天灰磚圍牆七公里、占地面積三千畝的規模。

拜謁孔林，必會經過孔林前一條兩側植有檜柏的神道。奇怪的是，神道兩側的檜柏皆是旁枝斜出，並沒有頂。在神道的中部，有一座平地突起的文津橋，橋下也並沒有水，也許這意味著，跨過此橋去拜謁孔子墓，就能取得文章道德。

在神道的正中間，有一座曲阜現存最大的石坊，坊額上

題「萬古長春」四字，喻義孔子的思想和精神永垂不朽。在萬古長春坊的東西各有一碑亭，東碑亭內的石碑正面正中刻有「大成至聖先師孔子神道碑」，西碑亭內的石碑為「闕里重修林廟碑」，記錄重修孔林的花銷為兩萬兩黃金。石坊與石碑都為明代修建、樹立。

過「萬古長春」坊再行約一公里，便來到孔林的第一道象徵性大門 ——「至聖林」坊。坊後三間門樓為孔林外大門，俗稱「大林門」。

大林門內順延著神道，繼續前行約四百公尺，就來到孔林二林門。它是一座城樓式臺門，門額上方嵌石匾一方，陰刻「至聖林」三個篆體大字。似在告訴拜謁者，過了這道門，就是至聖林了，至此要把一切沒有剔除的雜念都擱置門外，懷揣真摯、虔誠的心去膜拜聖人。

進入二林門，便到達實質上的林區了。

過了二林門不遠，有一條小河，名叫洙水河。據說，當年孔子帶領弟子們來擇墓地時，並沒有這條河。雖然孔子比較滿意這塊墓地，子路還是特意提出此地無河水的缺陷。孔子笑著回答說，秦人會在我的墓前挖一條河的。子路對孔子的話半信半疑，卻又不好說什麼了。

到了秦朝，秦始皇統一六國後，企圖滅除儒家思想的影

響，於是就帶人到孔林來掘孔子的墳墓。秦始皇進入墓室後看到一間房子，內有一張石桌和一張石床，桌上有一壺酒，床前有一雙靴子。秦始皇拿起酒壺，聞到酒香，想喝上一口，但怕裡面有毒，於是就放下了。他又坐上石床，穿上那雙靴子，四處走動。這時，他發現石桌上還有一個小抽屜，拉開看見一信簡，上面寫著：「秦始皇，秦始皇，扒我的墳，進我的房，疑我的酒，拒一旁，穿我的靴，坐我的床，飛沙打你一命亡。」此時恰起一陣風，秦始皇嚇壞了，慌忙逃出墓室。丞相李斯見狀忙獻計說：「在孔子墓前挖一條河，引洙水流過，就可以破了這塊墓地的風水。」秦始皇就照計行事，很快就挖好了河並引來了洙水。這正應了孔子原來說過的話。

有河就會有橋，在洙水河上，有一座洙水橋。橋的南面有一石坊，石坊的兩邊都刻有「洙水橋」三字，這是明代大奸臣嚴嵩的手跡。在嚴嵩身上，「字如其人」的說法顯然是不正確的，他雖是奸臣，卻寫得一手好字。也許每個拜謁孔林的人都為保留嚴嵩的字而感到氣憤，但其實這還不是最可氣的。在石坊的南面，題為清雍正十年（1732 年）建，而北面卻題為明嘉靖二年（1523 年）建，一塊石坊，題有兩個時間，而且還相差那麼久遠，這是為什麼呢？原來，這與官員腐敗有關。

據說，清雍正帝想修繕孔林，就命陳世倌、張體仁監工。可是這二人卻把大量金銀都貪汙了，又不好交差，就讓

工匠把明代樹立的洙水橋石坊上的字磨掉，再刻上「清雍正十年」的字樣。平時他們常剋扣工匠的工錢，工匠對他倆非常痛恨，就只把南面磨去改了，而北面卻沒有改，以此來揭露這些貪官的醜陋嘴臉。

走過洙水橋，穿過擋墓門，就是孔子墓前的享殿。享殿是用來在祭祀孔子時擺放祭品的。在享殿前有一個不太長的甬道，甬道兩側都有華表、文豹、角端和翁仲。這裡的華表與別處不同，它的中間沒有裝飾祥雲，而是一根石柱直衝雲霄。文豹和角端都是想像出來的神獸，據說它們在孔子生前時刻陪在孔子左右，文豹神異靈通，常為孔子捧書磨墨；角端日行一萬八千里且通曉四方語言，在孔子周遊列國時，為孔子駕車，兼做翻譯。在此樹立文武翁仲，也就是左右兩邊一文一武的石像，意在顯示孔子墓的規格之高。

說起甬道的這對翁仲，還有一個有趣的掌故。

乾隆皇帝有次到孔林祭祀孔子，經過甬道時看到這對翁仲，一時想不起它們的名字，於是就問身邊跟隨的翰林。沒想到那位翰林被他這麼冷不丁的一問，猜不出皇帝到底是有什麼目的，一緊張就回答說：「皇上，叫仲翁。」乾隆帝被他這麼一說，就想起了這石像叫翁仲，而不是仲翁。乾隆帝覺得這樣的翰林學識不夠，跟著自己有失身分，於是就對這位翰林說：「翁仲緣何對仲翁？怨爾當年欠夫功。爾今一身為翰

林，貶當江南做判通。」就這樣，這位侍奉皇帝的翰林一下被貶成了連七品芝麻官都不如的小官了。

享殿後，就是孔林的核心區——孔子墓。孔子墓高大而莊嚴，形如隆起的馬背，故又稱「馬鬣封」。其實當時孔子安葬時是沒有這突起的「馬鬣封」的，在那時，安葬的禮儀是「墓而不墳」，也就是只建築地下墓室，不在地上高高培土突起。是後人為了更好地紀念孔子，經過歷代修繕、擴建孔林，才不斷培土而起為今天的形狀的。在孔子墓前有明正統八年（1443 年）立的石牌，上面篆刻有「大成至聖文宣王墓」八字。

據說，當年康熙帝來孔林祭孔時，到孔子墓就是不下跪，當時隨從的衍聖公和大臣不知道是怎麼回事，心裡都惶恐不安。好在給康熙做講解的孔尚任非常聰明，他從康熙帝緊盯石牌上的字察覺到康熙是拜師不拜王的，於是就趕緊讓人找來一緞黃綾，遮住「文宣王」三字，並書以「先師」二字。這樣，康熙帝才下跪行祭祀禮。透過這件事，康熙帝認為孔尚任非常博學聰明，回京後就把孔尚任調到了京城任職。後來，孔尚任還創作了戲曲不朽名著《桃花扇》，死後也安葬於孔林。

孔子墓的東邊是他的兒子孔鯉的墓，前面是他的孫子孔伋的墓，人稱這種墓葬方式為「攜子抱孫」，喻一家團圓、人丁興旺。

關於孔子及其子孫，還有這樣的故事：

有一次，孔子在自家庭院裡看到孔鯉經過，就問他有沒有學《詩經》，孔鯉說沒有，孔子就教訓說，不學《詩經》，以後就不會說話交際。孔鯉就趕緊到書房惡補《詩經》。過了幾天，孔子又碰到兒子，就問他有沒有學習《禮記》，孔鯉說沒有，孔子又教訓說，不學《禮記》，以後就不能立身於世。於是孔鯉又趕緊惡補《禮記》。

當然，這裡講孔鯉學習的事，並不是說孔鯉愚笨。有一次，孔鯉教育自認為超過父親的孔伋說：「你拽什麼呀？你的老子跟我老子比差遠啦。」孔伋想想，無言以對。如此看來，孔鯉也很聰明。

提到孔子，我們都會想到他對三千弟子、七十二賢人的成功教育。走進孔林，當然也會看到子貢手植楷的紀念處。子貢是孔子的得意弟子，由於沒有能趕上孔子的葬禮，在墳前哭得死去活來，在其他師兄弟守墓三年相繼離去後，他在墓邊又獨自為老師守了三年墓，並把他從外地帶來的楷樹苗種植在墓邊，精心培育，希望它長大後為老師的墓遮擋風雨。此樹果然越長越大，越長越茂盛。一直到清康熙年間，才因被雷擊中而燒燬。人們為了記住這位不忘師恩的學生，就將燒剩的樹樁圍起，並在旁邊建起楷亭，把楷樹生前的樣子摹刻於石牌上。

　　帶植物到孔子墓地的不止子貢一人。孔子的眾多學生都把自己家鄉的植物帶到孔林，以表自己永遠不忘恩師、陪伴恩師之心。從四面八方帶到孔林的植物，極大地豐富了孔林內的植被。據說，孔林內有植物十萬株之多。高的聳入雲霄，直插青天；矮的隨地蔓延，化作地裳。可是，在這樣一個樹林茂盛的墓葬群中，卻看不到烏鴉和毒蛇的身影。也許，它們自知名聲不好，不敢來驚擾安歇的聖人吧。

　　南唐進士楊文郁的《謁聖林》云：「悠悠往古繼來今，天地無窮照孔林。兩到金絲堂下拜，門生無負百年心。」楊進士兩次拜謁孔林，受到孔子精神的激勵，發奮圖強以謝恩。孔林，就是這樣吸引著一代又一代讀書人到此拜謁，表達對聖人的追憶，並寫下了一首首美妙佳篇。

第四節　昭君自有千秋在，胡漢和親識見高
── 昭君墓

　　如果追尋昭君墓，我們會迷失方向。因為，中國竟然有十幾處昭君墓。不過，提起昭君墓，人們首先會想起的，大多是那座位於內蒙古呼和浩特市的「青塚」。

　　內蒙古呼和浩特市的昭君墓，是呼和浩特市的八大旅遊

景點之一。它位於呼和浩特市南郊九公里處的大黑河畔，是一個平地而起、人工夯實而成的土丘，占地約 3.3 公頃，高 33 公尺。不過，據史料記載，這座墓並不是那位影響中國近兩千年的奇女子的安息之處，其內只是掩埋了她生前所穿戴的衣冠。也就是說，這座為世人所公認的昭君墓，其實是個衣冠墓。

兩千餘年前的王昭君屍骨到底葬於何處，現存的文獻資料並沒有給出明確的答案。

黑河之畔的昭君墓周邊景色優美，草木茂盛。遠望昭君墓，猶如一幅黛色朦朧的迷人畫卷，人們讚此景曰「青塚擁黛」。據說，昭君墓在不同的時刻會呈現出不同的景色，故對於昭君墓，人們形象地描述它：「晨如鋒，午如鐘，酉如樅」，也就是說，早晨的昭君墓如一座山峰，中午的昭君墓如一口大鐘，傍晚時的昭君墓如一棵蘑菇。

經過中國政府的多次修繕，如今昭君墓已成為一座占地約七十三畝的陵園。走進陵園，首先映入眼簾的是一座高高的雕塑銅像，為呼韓邪單于和王昭君閼氏騎馬並行。細看銅像，王昭君溫柔秀麗、柔中帶剛；呼韓邪單于威武雄壯、粗獷豪放。據說雕塑馬頭朝西，是因為王昭君是從西安往西而到達匈奴的。

雕塑後，朝陽聳立著一塊高大的石碑，碑上有蒙、漢兩種文字鐫刻的董必武的詩作《謁昭君墓》，詩云：「昭君自有千秋在，胡漢和親識見高。詞客各抒胸臆懣，舞文弄墨總徒勞。」董必武高度讚揚了王昭君出使匈奴的壯舉，批評了歷代文人騷客哀哀怨怨的訴說與臆測。

石碑後就是青塚，一座高高聳起的土丘。在青塚的頂部，有一個六角攢尖的小亭。站在小亭內放眼四望，周邊景色盡收眼底，既可看到連綿不斷的陰山山脈橫貫東西，也能欣賞到呼和浩特市全景。

昭君墓的東側，刻有歷代文人所寫的吟詠昭君的詩文；西側，是有關昭君墓的歷史文物陳列廳。在陳列廳內，可以看到一座王昭君漢白玉雕像，可謂蛾眉秀發，明眸皓齒，懷抱琵琶，淺顰低笑。

說起王昭君，我們腦海裡馬上就會浮現出「羞花」、「閉月」、「沉魚」、「落雁」四大美人，是的，王昭君就是那位被稱作「落雁」的美人。據說，在王昭君去匈奴和親的路上，天空中飛行的大雁看到王昭君的容貌，都為她的天姿麗色所驚呆，注目凝視，以至於忘掉了正在天空飛翔而停止舞動翅膀，紛紛跌落下來。

王昭君為什麼要去匈奴和親？說到此，我們不得不從王

昭君和親之前的身世談起。

　　據史載，王昭君本名嬙，字昭君，小名叫皓月，出生在南郡秭歸（今湖北興化）的一個普通人家。王昭君天生麗質，鄉人皆知。在一次皇帝大選天下美女時，王昭君被選入掖庭，等待天子的臨幸。

　　等待的日子並不好過。在美女如雲的掖庭，天子並不是親自挑選陪寢對象的，而是在宮中對著畫師為掖庭中的女子畫的像來挑選。這使得畫師手中的筆成為直接決定掖庭中女子命運的權杖。於是，一些富有心機的女子便把身邊值錢的東西送給畫師，讓畫師把自己畫得更美些。

　　可是，天生貌美的王昭君雖然冰雪聰明，卻痛恨這種行賄的行為，厭惡畫師的醜陋行徑，拒絕行賄。她的畫師毛延壽因此惱羞成怒，就在她如仙女下凡的畫像上，令人銷魂的杏眼下方，點上了一個黑點。這一點，就將王昭君被天子選中的機會化為了烏有。因為根據相面術，這被稱作「喪夫落淚痣」。有了這顆剋夫的痣，天子躲還來不及，又怎麼會選她。

　　王昭君在掖庭內等了一年又一年，心情也由希望變作氣憤。恰巧，天子要從掖庭選美女送給匈奴的呼韓邪單于，以實現與匈奴和平共處的目的。誰想去那荒涼的匈奴之地？誰想遠離自己的家鄉奔走異域？王昭君對自己被臨幸已經由期

望變作了絕望，她不想就這樣了卻一生，於是主動向掖庭長官報名。毫無疑問，她被選中了。

就這樣，王昭君踏上了去匈奴和親的路。在她遠嫁到匈奴後，兩國六十年沒有發動過戰爭，邊境地區也得到了長期的安定和發展。

可是，王昭君在匈奴到底死於何時，葬於何地，卻無處可考。這是匈奴的風俗所致。匈奴人死後，只是埋葬，並不在上面築起墳土。現在能見到的最早提及昭君墓的文獻，是唐代杜佑編的《通典》。

王昭君遠嫁匈奴換來和平，使她成為文人、史學家、政治家的吟詠對象。唐朝詩聖杜甫就有一首《詠史》，其云：

> 群山萬壑赴荊門，生長明妃尚有村。
> 一去紫臺連朔漠，獨留青塚向黃昏。
> 畫圖省識春風面，環珮空歸月夜魂。
> 千載琵琶作胡語，分明怨恨曲中論。

這首詩，追溯了王昭君的出生地，說明了她只是一個平民百姓家的孩子。但是，她的生平卻是不平常的，不僅進了掖庭，而且到了荒漠。她的身後也是淒涼的，什麼也沒有，只有那突兀而起的墳墓，在黃昏時刻欲加顯得落寞。杜甫還認為，王昭君出使匈奴和親，是懷著對天子的無限怨恨的。

對於王昭君的遭際，唐朝大詩人白居易也寫有一首《青塚》，以表同情，其云：

> 上有飢鷹號，下有枯蓬走。茫茫邊雪裡，一掬沙培塿。
> 傳是昭君墓，埋閉蛾眉久。凝脂化為泥，鉛黛復何有。
> 唯有陰怨氣，時生墳左右。鬱鬱如苦霧，不隨骨銷朽。
> 婦人無他才，榮枯系妍否。何乃明妃命，獨懸畫工手。
> 丹青一詿誤，白黑相紛糾。遂使君眼中，西施作嫫母。
> 同儕傾寵幸，異類為配偶。禍福安可知，美顏不如醜。
> 何言一時事，可戒千年後。特報後來姝，不須倚眉首。
> 無辭插荊釵，嫁作貧家婦。不見青塚上，行人為澆酒。

此作描述出匈奴的惡劣環境，認為王昭君死後對導致自己命運的畫工仍有無限怨氣，並進而勸誡女子出嫁需謹慎，否則就會如王昭君一樣成為異鄉之鬼。

不難看出，幾乎所有對王昭君表示同情的詩作，都會把王昭君出嫁匈奴和親看作悲劇，認為這是被逼的無奈之舉，並且把此悲劇的罪過全部歸於畫工毛延壽頭上。

對此，宋代大文學家、政治家王安石曾表示過異議，他在《明妃曲》中說：「意態由來畫不成，當時枉殺毛延壽。」和王安石的看法相近，唐朝詩人王睿的《解昭君怨》更是對王昭君和親表示了極大贊同，詩云：「莫怨工人醜畫身，莫嫌明主遣和親。當時若不嫁胡虜，只是宮中一舞人。」他從個體價

值的觀念出發，認為如果王昭君不和親匈奴，即使被天子臨幸，也不過是皇帝的一個玩偶。

經歷兩千餘年的歌詠，王昭君成了一個特有的文化現象。據不完全統計，吟詠昭君及昭君墓的詩歌約有七百餘首，小說和民間故事約有四十種，各類戲劇、戲曲約有三十種，記載有王昭君故事的著作約有三百種，而且，王昭君還不斷地被搬上螢幕。如今，繪畫、雕塑、音樂、歌舞、文學、影視等領域，無不留有王昭君的身影。

第五節　到底君王負舊盟，江山情重美人輕 —— 楊貴妃墓

楊貴妃，一個今人並不陌生的名字，雖然她早已在一千二百年前香消玉殞。她的墓是一個不大的陵園，位於陝西省興平市馬嵬鎮西五百公尺處，距西安市六十公里。

楊貴妃墓依山坡而建，呈階梯狀上升。在陵園的大門頂額，有 1936 年邵力子書寫的「唐楊氏貴妃之墓」七個字。兩邊有一副對聯，其云：「妃子魂銷猶如梨花春帶雨，馬嵬玉損幸留古韻塚攜香。」

入得大門，是一座仿古式的三間獻殿。獻殿後，就是一

個高約三公尺的墓塚，墓塚的封土四周都用青磚砌蓋，這就是貴妃墓。據說，貴妃墓上的草與土具有美容的作用，很多女子到了貴妃墓，都會拔草、包土回家，或是把草搗成汁糊狀塗臉，或是把土和以麵粉，並稱其為「貴妃粉」，認為用此擦臉，能去痘絕斑，令皮膚嬌嫩無比。關於這個說法，還有一個傳說。

距楊貴妃墓不遠的地方，有一戶人家，家中有一女，臉長得很黑，媒婆給提了很多親事，男方都嫌她長得黑、不俊俏，不同意這門婚事。一天晚上，這個女子傷心亂走時，走到了楊貴妃的墳邊，於是就坐下號啕大哭，邊哭邊不時用手抹臉上的淚水，而手上又沾了墳上的土。就這樣，哭了好久，她的臉被土全抹了一遍。回到家，她用清水洗過臉後，父母被她驚呆了 —— 自家的黑妞一下子變白、變俊俏了。很快，她就找到了如意的婆家。以後，凡是想變美的女性，都到楊貴妃墓來取土美容。後來為了有效防止貴妃墓土日益減少，就用青磚把四周砌了起來。

關於這個傳說，《西安府志》也有記載：「貴妃粉出馬嵬坡上，土白如粉塊，婦女面有黑點者，以粉洗之即除。」

在貴妃墓塚前有一碑樓，上刻「唐玄宗貴妃楊氏墓」八個字。看到這八個字，我們也許會不由想起楊貴妃的愛情故事。

　　楊貴妃原來並不是唐玄宗李隆基的妃子，而是他兒子壽王李瑁的老婆。

　　楊貴妃原名叫楊玉環，是唐朝一位普通地方官的女兒。由於她天生貌美如花，善歌舞且能譜曲，聰慧過人，善解人意，唐玄宗的兒子壽王李瑁對她一見鍾情，經父皇同意後娶回家裡做了老婆，兩人恩愛歡快地生活了五年。在這五年裡，唐玄宗從沒有見過他的這位兒媳婦。

　　五年後的一天，唐玄宗第一次見到了楊玉環，自此便難以從心頭割捨。於是，他先讓楊玉環出家做了道姑，法號「太真」，然後又將她迎娶進皇宮，並封她為「貴妃」。就這樣，楊玉環變成了楊貴妃。

　　也許有人會問，楊玉環到底有多美，以至於皇帝做出了如此令人不齒的行徑。這也有一個傳說。

　　楊玉環被迎進皇宮後，唐玄宗曾有一段時間竟忘了還有這麼一個從兒子手裡搶過來的美人。楊玉環很思念與壽王一起恩愛的時光，備感憂鬱。有一次，楊玉環和宮女在花園散心，走到含羞草跟前，含羞草的葉子就捲了起來。宮女為了逗楊玉環開心，就說是她的美貌讓含羞草自慚形穢、不敢抬頭了。這樣一傳十、十傳百，唐玄宗聽說後就趕緊召見這位能羞花的美女。楊玉環也因此獲得了皇帝的寵愛，並有了「羞

花」的美譽。

　　貴妃墓的兩側是碑廊，鐫刻著唐以後歷朝文人騷客有關楊貴妃的詩作三百餘首。鐫刻書體各不相同，詩作對楊玉環也褒貶不一。

　　墓塚後是勝景園。在臺階的平台上，有一個高約三公尺的楊貴妃漢白玉雕像，雕像表情凝重，頷首下望。此外，勝景園還有三大景點。

　　一是太真閣。太真閣為雙層仿唐架構，閣內繪製了巨幅〈太真入道圖〉，四周鑲嵌八組設計精美的展板，展示有關「馬嵬雙迷」、「貴妃遺蹟」、「貴妃東渡」等有關楊貴妃的史實與傳說。說到「貴妃東渡」，可謂非常富有傳奇性，如果此事是真的，那我們今天所說的貴妃墓，就純粹是一個空墓了，甚至傳說這裡的貴妃墓僅埋有楊貴妃的一個香囊和一隻襪子都值得考量。

　　傳說，「安史之亂」時，唐玄宗帶著楊貴妃和大隊人馬逃往四川，至馬嵬坡，保護他的軍隊譁變，不聽命令了。他們處死楊貴妃的哥哥楊國忠，並要挾唐玄宗處死楊貴妃，認為正是楊氏兄妹作亂，才使得唐朝有了這次動亂。唐玄宗被逼無奈，只得答應，於是賜楊貴妃一條白綾讓她自盡。這也就是李商隱所嘲諷的「如何四紀為天子，不及盧家有莫愁」。

當時主管這事的是內臣高力士和軍帥陳玄禮，兩人施了調包計，讓楊貴妃的一個侍女代她上吊死了，然後祕密地送楊貴妃東渡到了日本。

在日本，楊貴妃憑藉智慧，幫助日本天皇挫敗了一次政變。就這樣，她一直生活在日本，到死也沒有回到中國。現在日本還有兩座貴妃墓來表明這段傳說的真實性，一些日本人還自稱是楊貴妃的後人。如 1963 年有一位日本女孩透過向電視觀眾展示自己的家譜，來證明自己就是楊貴妃的後人，日本著名影星山口百惠也曾自稱是楊貴妃的後裔。楊貴妃在日本這麼受到追捧，即使她真的在馬嵬坡軍隊譁變中死了，也應該瞑目了。

真是生前的楊貴妃讓人迷戀，死後的楊貴妃讓人迷惑。不僅是日本的貴妃墓讓人迷惑，楊貴妃在中國的葬身之地也讓人迷惑。據報導，在四川省都江堰市兩和鄉發現了一座墳墓，考古專家稱，這個墓的墓主極可能就是楊貴妃。

二為長恨歌畫廊。長恨歌畫廊主要是依唐朝大詩人白居易的《長恨歌》而建。《長恨歌》是描寫楊貴妃的眾多詩篇中影響最廣最遠的一篇，不僅追溯了楊貴妃的一生，而且極其浪漫地描繪了她與唐玄宗的堅貞愛情，使得有情的男男女女都把「在天願作比翼鳥，在地願為連理枝」作為愛情的誓言。

長恨歌畫廊以《長恨歌》的描述為主線，用三十幅壁畫形象地詮釋這首傳唱千古的詩篇，展現了從開元盛世到天寶遭難的楊貴妃命運的興衰軌跡。觀遍畫廊，不禁讓人生起無限感嘆與遐思。

三是觀音殿。它的修建，是以佛學家郭元興的學術考證為依據的。史載觀音以女身造像起始於唐朝，印度法師不空看到失去楊貴妃的唐玄宗無限悲戚、哀怨，為了安慰他，就以楊貴妃生前的容貌畫成觀音像供奉。這樣，楊貴妃的遺容便成為觀音的原型。如此一來，此殿不僅有紀念楊貴妃之妙，也有勸人向善之意。

楊貴妃注定要進入文人的視野，既有《長恨歌》那樣的詩作對其表達無限同情，還有與《長恨歌傳》共同滋生的清代著名戲曲《長生殿》，都歌頌了她與唐玄宗的愛情。

但白居易在《李夫人》詩篇中也說：「又不見泰陵一掬淚，馬嵬坡下念楊妃。縱令妍姿豔質化為土，此恨長在無銷期。生亦惑，死亦惑，尤物惑人忘不得。人非木石皆有情，不如不遇傾城色。」白居易還是認為楊貴妃迷惑了唐玄宗。與他相同，宋代的詩人金朋說在《楊貴妃》中亦云：「傾國嬌容啟色荒，能移帝主墮三綱。」也許唐朝詩人高駢在《馬嵬驛》中所書，更能啟人深思，其云：「玉顏雖掩馬嵬塵，冤氣和煙鎖渭津。蟬鬢不隨鑾駕去，至今空感往來人。」

一個生前身不由己的女子，死後亦只能任人評說。在今天可見的詩歌、戲曲、電視、電影、學術研究等中的楊貴妃形象，有多少是她生前的寫照呢？面對這青磚覆蓋的墳墓，我們心中也許自有評說。

第二章　庭院遺蹟

　　面對著「朱門酒肉臭，路有凍死骨」（《自京赴奉先詠懷五百字》）的現實，杜甫也厭倦了那「朝扣富兒門，暮隨肥馬塵。殘杯與冷炙，到處潛悲辛」（《奉贈韋左丞丈二十二韻》）的生活，唱出了「安得廣廈千萬間，大庇天下寒士俱歡顏，風雨不動安如山」（《茅屋為秋風所破歌》）的願望。

　　但是，杜甫之後，宋代依然是「陶盡門前土，屋上無片瓦。十指不沾泥，鱗鱗居大廈」（宋梅堯臣《陶者》）。但是，在「飢者無其食，寒者無其衣」的現實世界中，從來不缺乏高牆深院的朱門之戶。

　　詩詞中的庭院意象，總是能令人遐想綿邈。歐陽修在一首《蝶戀花》詞中，把庭院的意韻描繪到了極致。他吟曰：「庭院深深深幾許，楊柳堆煙，簾幕無重數。玉勒雕鞍遊冶處，樓高不見章臺路。雨橫風狂三月暮，門掩黃昏，無計留春住。淚眼問花花不語，亂紅飛過鞦韆去。」這一曲，唱得李清照淚如雨下，不禁隨聲附和。在他們的吟唱中，這些高門大院、亭臺樓閣、小橋流水、山石花草，也成為遺蹟，成為過去社會的生活記憶。

第一節　濃春何處歸來早，堆秀山前絳雪軒 ── 故宮

　　故宮，前朝皇帝所居住和工作的宮殿建築群的統稱，現主要用來指明清兩朝二十四位皇帝五百餘年居住、工作過的宮殿建築群。現在，它的全稱叫「北京故宮博物院」，不過人們還是習慣稱它為「故宮」。

　　故宮又名紫禁城，在向世界介紹故宮時我們一般將它譯為「The Palace Museum」，而歐美的一些旅遊手冊則譯為「The Forbidden City」，也就是紫禁城的意思。將故宮稱作紫禁城，是有緣由的。

　　中國封建社會的皇帝都以真龍天子自命。他們認為，天上有統治天庭的玉皇大帝，玉皇大帝居住、工作的地方是天的中心，也就是天上的紫微星，於是皇帝就認為自己居住的宮殿也就是紫微星在下界對應的位置，故而用其「紫」。同時，皇帝居住的地方池深城高，戒備森嚴，禁止普通的老百姓接近。這樣，故宮也被稱作「紫禁城」。

　　故宮為明成祖朱棣所建。他從姪兒手裡奪得明政權後，一心想從南京遷都北京，於是就命大臣在北京營建自己的宮殿。雖然許多大臣反對，但故宮還是在明永樂四年（1406 年）

開始動工，並於永樂十八年（1420 年）落成。建成後的故宮以南北中軸為主線、東西各一條輔線，呈現從整體到局部都有主有輔的格局。南北長 961 公尺，東西寬 753 公尺，占地面積約為 72 萬平方公尺，建築面積 15.5 萬平方公尺，周圍有高 10 公尺、長 3400 公尺的宮牆，牆外有寬 52 公尺的護城河。

據說，故宮建築共有 9999.5 間，這裡還有一個非常神奇的傳說。

明成祖朱棣想把宮殿蓋得盡量大而華貴，以顯示自己的威嚴。一天，朱棣做了一個怪夢，正要傳旨宣劉伯溫來解夢時，劉伯溫自己來了，說：「臣做了一個夢，夢見玉皇大帝把臣召到凌霄殿上對臣說：『你朝皇帝要修蓋皇宮，你告訴他，天宮寶殿是一萬間，凡間宮殿萬不可超過天宮。』玉皇大帝說完這些話，就撲過來一陣白茫茫的香霧，一下子就把臣嚇醒了！」朱棣聽完，告訴劉伯溫他也做了同樣的夢。

為了遵照玉皇大帝的旨意，朱棣讓劉伯溫監造一座不到一萬間、跟天宮差不多的皇宮。劉伯溫於是就遵照玉帝和皇帝的旨意，蓋了 9999.5 間宮殿，既沒有超過天宮，也讓皇帝非常滿意。根據古代「四柱一間」的標準，現在實際有 8707 間。雖說少了 1000 多間，不過也夠一個人每晚不重複地住 27 年了。

故宮四周的圍牆開有四個大門，南邊的叫午門，北邊的叫神武門，東邊的叫東華門，西邊的叫西華門。皇帝駕崩後的靈柩多是從東華門運出，故東華門又被稱作「鬼門」。

午門是故宮的正大門，其平面為凹形，東西北三面以 12 公尺高的城臺相連，環抱一個方形廣場。正中上有九間面寬的大殿，重檐廡殿頂，左右伸出兩闕城牆上有聯檐通脊的樓閣四座，明廊相連，兩翼各有十三間殿屋向南伸出，四隅各有高大的角亭，輔翼著正殿，猶如鳳凰展翅，故又稱「五觀樓」。

午門有三個門洞，出入有非常嚴格的規定：當中的正門平時只有皇帝才能出入，皇帝大婚時皇后能經過一次，殿試的狀元、榜眼、探花可以從此門走出一次；文武大臣只能進出東側門，宗室王公只能出入西側門。午門也是皇帝下詔書、下令出征的地方。每遇宣讀皇帝聖旨，頒發年曆書，文武百官都要齊集午門前廣場聽旨。

穿過午門，就到故宮的外朝了。故宮在使用上以乾清門為界分為南北兩部分，乾清門以南至午門的這一區域為外朝，乾清門至神武門的這一區域為內廷。

外朝以太和殿、中和殿、保和殿三大殿為主體，文華殿、武英殿為兩翼分列東西，是皇帝舉行重大典禮和從事政

治活動的殿堂，也是最能彰顯皇帝威嚴的建築主體。太和殿、中和殿、保和殿分列前中後，居於紫禁城的中軸線上，也即北京城的中軸線上。

太和殿也就是百姓常說的金鑾殿，它在故宮內氣勢最為雄偉、宏大，是皇帝上朝聽政、決策的地方，也是皇帝舉行重大典禮的地方，如登基、壽辰、大婚等。中和殿居太和殿之北，是皇帝去太和殿舉行大典前稍事休息和演習禮儀的地方。保和殿居中和殿之北，是皇帝群宴大臣的地方。太和殿、保和殿都曾經是皇帝舉行殿試的場所，以昭示天下皇帝是野不遺賢、任人唯才的明君。

走在故宮的外朝就會發現，這裡一棵樹也沒有。究其緣由，有人說，太和殿、中和殿、保和殿是皇帝舉行盛典的地方，為了突出這組宮殿的威嚴氣勢，建築上採取了許多手法，其一就是在外朝不植樹。當人們去朝見天子，穿過端門、午門，走在這一棵樹也沒有的漫長御道上，心理壓力會不斷地增強，欲加感到個人的渺小，最後進入太和門，站在寬闊的廣場上和高聳在三重臺基上的巍峨大殿面前，這種心理壓力達到頂點，也就正式確認了自己的卑微和對天子的臣服地位，這正是至高無上的皇帝對自己臣民所要求的。

文華殿在清朝是皇帝舉行經筵的殿堂，它後面為文淵閣，原先藏有紀曉嵐等人編撰的《四庫全書》。武英殿在清初

是攝政睿親王多爾袞議政辦公之所；康熙朝年間設為武英殿
書局，為文臣纂修之地，康熙朝編纂的《古今圖書集成》就
是在這裡完成的；乾隆帝時派大臣金簡在此編印書，金簡創
製的棗木活字，乾隆帝美其名曰「聚珍」，由於武英殿印刷的
書精美絕倫，品質非常高，人們就稱其為「武英殿聚珍版程
式」，紛紛效仿。

　　進入乾清門，就是故宮的內廷了。內廷的乾清宮、交泰
殿、坤寧宮也位於中軸線上，兩邊分別有東六宮和西六宮。
這裡也就是百姓常說的「三宮六院」，主要是皇帝、皇后、嬪
妃和皇子生活的區域。

　　後三宮的命名源於儒家經典《周易》。《周易》云，「男為
乾，女為坤」，所以皇帝居住的地方叫「乾清宮」，皇后居住
的地方叫「坤寧宮」；又云「天地交泰」，即指天地相接，就
會平安、暢通，於是交泰殿就位於乾清宮和坤寧宮之間。這
表達了歷代皇帝美好的心願，希望順應天地、不違陰陽，進
而擁有美滿的生活。

　　乾清宮正中有一個「正大光明」匾，史傳自清朝雍正帝
后，皇帝的人選都是從這個匾後產生的。康熙帝曾因廢立太
子而苦惱，身心疲憊，且使皇子、大臣間矛盾重重。雍正帝
於是就創立了祕密立儲君的方法，也就是皇帝生前把要傳於
帝位的皇子的名字寫於兩張紙上，一份隨身攜帶，一份放於

匣中放置於「正大光明」匾後。皇帝百年後，大臣就據匾後匣內的名字確立新君。乾清宮的暖閣為皇帝的臥房，其上下兩層相互通聯，有二十七張床，皇帝可以任擇安歇。設這麼多床，是因為皇帝怕自己睡著後遭人暗算，這樣可以有效防止意外。不過歷史證明，這也不是萬無一失的方法，明嘉靖帝就在這裡差點被宮女暗算。

內廷的西六宮分別為永壽宮、翊坤宮、儲秀宮、太極殿、長春宮、咸福宮，西六宮之前是養心殿，是皇帝理政和住居之所；東六宮分別為延禧宮、永和宮、景陽宮、景仁宮、承乾宮、鐘粹宮，東六宮之南為奉先殿，是清帝奉祀祖先的殿堂，每月朔（初一）、望（十五），歲時節禮，出征凱旋，冊封大典，都遣官至奉先殿告祭。這些都是皇帝嬪妃們居住的地方，基本上是一宮一院，每個院子有正殿、配殿、宮門，有些院子還附有遊廊、後殿。慈禧太后就曾住在儲秀宮。在內廷的東西兩側，還有一些皇子和太后、太妃居住的宮殿。北出坤寧門，就是皇家御花園。

1987 年，故宮被聯合國教科文組織列入《世界遺產名錄》，不僅因為它曾經是明清兩朝皇帝的居住、決策之所，還因為它是當今完整存世的不多的宮殿建築群之一。故宮被譽為「世界五大宮殿之首」，與凡爾賽宮、白金漢宮、白宮、克里姆林宮並稱為「世界五大宮」。它的建築包含了中華古老的

文化與文明。

　　故宮整體布局按照《周禮·考工記》所載「前朝後寢，左祖右社」的帝都營建原則建造。布局上採用形體變化、高低起伏的手法，組合成一個整體，既符合封建社會的等級制度，同時又達到左右均衡和形體變化的藝術效果。如外朝是皇帝行使決策權的地方，必須突出皇帝的威嚴和不可違逆的氣勢，故而外朝院落場地開闊、御道漫長、建築物高大宏偉，使人身處其中而自生一種畏懼心理。而內廷則是皇帝及家眷生活的場所，於是庭院相接，建築緊湊，多了一些深邃而幽靜的道路，且建了一些風景優美的花園以供遊賞。與外朝相比，少了一份威嚴，而多了一份生活情趣。這種疏密有致的建設格局，使得故宮更顯皇家氣派。

　　故宮的四角各有一角樓，角樓高 27.5 公尺，頂有三層檐，由六個歇山頂組合而成。三層檐的勾連方法各不相同，檐角層次豐富，共有二十八個翼角，十六個窩角，七十二條脊，二百三十隻吻獸。這種多屋脊、多檐角的造型使得故宮的角樓具有了參差錯落、絢麗玲瓏的美學風格，同時又不失端莊雄偉之勢。這在建築史上是少有的建構樣式。

　　中國建築的屋頂形式是豐富多彩的，在故宮建築中，不同形式的屋頂就有十種以上。以三大殿為例，屋頂各不相同。故宮建築屋頂滿鋪各色琉璃瓦件，主要建築以黃色為

主，綠色用於皇子居住區的建築，其他藍、紫、黑、翠以及孔雀綠、寶石藍等五色繽紛的琉璃，多用在花園或琉璃壁上。太和殿屋頂當中正脊的兩端各有琉璃吻獸，穩重有力地吞住大脊。吻獸造型優美，既是構件又是裝飾物。一部分瓦件塑造出龍鳳、獅子、海馬等立體動物形象，象徵吉祥和威嚴，這些構件在建築上發揮著裝飾作用。

外朝的三大殿依次布置在高達八公尺的三層臺基上，每層都為須彌座形式，四周圍著漢白玉欄杆。每根望柱上有精美紋飾，下有華美螭首，螭首口內鑿孔，造成排水的作用。當大雨滂沱時，千龍吐水，層層跌落，甚是壯觀。陽光高照時，千龍之影，黑白交錯，宛如圖案。保和殿向北的石階中道上的雲龍雕石更是一絕，它長 16.57 公尺，寬 3.07 公尺，厚 1.7 公尺，重約 250 噸。周邊是相結卷草，下面是海水江涯，兩側是獅馬圖案，中間是九條蟠龍在雲流中翻騰。這塊雲龍石雕，其用材之巨，構圖之佳，雕鑿之精，藝術之美，都稱得上是中國石雕藝術的瑰寶。

建築學家們認為，故宮的設計與建築，實在是一個無與倫比的傑作，是中國古代建築藝術的精華。它象徵著中國悠久的文化傳統，顯示著五百多年前匠師們在建築上的卓越成就。也許正是因為它在建築史上具有如此重要的地位，今人楊五計在所作的《紫禁城序》中讚美它說：「永樂華寶，列世

界遺產之林；古燦盈輝，領紫禁城冠之榮。霞彩峙光，氣勢偉精，集歷代建築之嬌，匯東方堡郡之魂。」

第二節　孔府龐然何所觀，衙門模樣海同寬 ── 孔府

　　孔府又稱聖府，是孔子後代直系子孫、歷代統治者封為「文宣公」或「衍聖公」的官署和私邸。它是中國現存規模最大、建築最豪華的封建官僚貴族府第，僅次於明、清皇帝宮殿 ── 故宮，人們皆稱其為「天下第一家」。

　　孔府始建於宋仁宗寶元年（1038 年），後經歷代修繕和擴建。現占地二百四十多畝，有廳、堂、樓、軒等各式建築四百六十三間，為中東西三路、九進式庭院，這種建設格局完全同於皇宮，是中國絕無僅有的一家。

　　孔府以中路的建築為主體，九進院門位於南北的一條直線上，如果把九門都打開，可以從孔府大門一直看到孔府的後花園。東、西兩路上為輔助性建築。東路為家廟，是家祠所在地，有報本堂、桃廟、一貫堂、慕思堂、三堂、九如堂、御書樓及酒坊等；西路為學院，為舊時衍聖公讀書、學詩學禮、燕居吟詠和會客之所，有紅萼軒、忠恕堂、安懷堂等。

　　不管封建王朝如何更替，孔子一直受到金鑾寶殿上的皇帝的推崇，他的子孫都能世襲「文宣公」或「衍聖公」，因而孔府也保留了世界上最為完整、最為龐大的家譜——孔府檔案。現存的孔府檔案起自明嘉靖十三年（1534年），止於1948年，按《千字文》中「天地玄黃、宇宙洪荒」的次序編目，內容包含有襲封、宗族、屬員、訴論、租稅、祠典、政事、財務、文書等類，是研究中國歷代政治、經濟、文化的重要文獻資料，也是藉以立體了解、復原孔氏家族在封建社會存在情形的重要文獻資料。

　　現存的孔府大門始建於明代中葉，坐北朝南。門上懸掛著「聖府」二字，為藍底金字，令人看到此二字，即知已經到了聖人之門，心中不由生出敬重和肅穆之情。在門兩側的明柱上掛有一副楹聯，上聯為「興國咸休安富尊榮公府第」，下聯是「同天並老文章道德聖人家」，由清代大才子、大學士紀曉嵐手書。

　　不過細看此聯就會發現，「富」字的上寶蓋寫成了「冖」，「章」字下的「早」的一豎捅過了上邊的「日」，清代第一大才子當然不會在天之師的大門上寫錯字，據說這是紀曉嵐有意為之，他自有妙意蘊涵其中，「富」字缺少頂上的一點，表示富不封頂；「章」的一豎直捅上去，表示文章沖天，這是先祝願孔府富貴無邊，再譽孔子及歷代「衍聖公」文章才氣直衝青

天。也只有紀大才子，才能想得出這兼具有字之贊與無字之譽的韻味無窮的楹聯。

　　進了孔府大門，穿過大門內的庭院就會發現，面前又出現了一道門，門楣上高懸「聖人之門」四字。它昭示來者，不要認為進了大門就是已入聖門，只有把心中的雜念和私慾拋棄，才能到達「聖人之門」，拜謁聖人。據說「聖人之門」這四個字是明代詩人、吏部尚書、文淵閣大學士李東陽手書的，李東陽也是孔子第六十二代孫、衍聖公孔聞韶的岳父。「聖人之門」平時不開，出入孔府的人都只走左右兩邊的腋門。

　　「聖人之門」以北，有一個非常特別的門，說它特殊，是因為它有門但兩邊卻沒有連接的牆壁，且此門上覆灰瓦房頂，前後各綴有四個倒垂的木雕貼金花蕾。這種建築不是一般人家可以有的，如被查知就是大逆不道之罪。孔府之所以建這個門，是因為有明代嘉靖帝的御旨。嘉靖帝曾給孔府御筆書寫了「恩賜重光」的匾額，孔府無以安放，就接旨建造了這座門，門楣懸掛嘉靖帝的御書，故而此門稱「恩賜重光門」或「重光門」。這個門只有在孔府大典、皇帝臨幸、宣讀詔旨和舉行重大祭孔儀式時，才在放過十三響禮炮後開啟，由於它居孔府正中軸線上，所以又叫「塞門」。人們又據它前後懸綴的木雕貼金花蕾，稱它為「垂花門」。就是這一座孤立的

門，不僅有著眾多名稱，象徵著主人家的社會地位，而且在建築學上也別具一格，曾引得眾多建築大師前來觀摩、欣賞。

孔府大堂是衍聖公宣讀聖旨、接見官員、申飭家法族規、審理重大案件，以及舉行節日和壽辰儀式的地方，位於「重光門」之北。大堂正中的太師椅上鋪一張斑斕虎皮，椅前狹長高大的紅漆公案上擺著文房四寶、印盒、籤筒，上方正中懸掛著「統攝宗姓」匾，上刻清世祖順治六年（1649 年）諭旨，授權衍聖公「統攝宗姓，督率訓勵，申飭教規，使各凜守禮度，無玷聖門」，衍聖公因此擁有了孔氏家族中的種種特權。堂內兩旁及後部陳列著正一品爵位的儀仗器具，如金瓜、朝天鐙、曲槍、雀槍、鉤鐮槍、更鼓、雲牌、龍旗、鳳旗、虎旗、傘、扇等，還有一些象徵其封爵和特權的紅底金字官銜牌，如「襲封衍聖公」等。

在孔府大堂右邊偏南的地方有一根狀似甘蔗的棍子，被稱為「甘蔗棍」，它是用來在孔府大堂懲罰人的。用它打犯錯的人，不許受打的人悲號，而且要像吃了甘蔗那樣心裡感到甜甜的，一邊挨打還得一邊裝著很受用的樣子說：「我嘗到甜頭了，我嘗到甜頭了。」這使得「甘蔗棍」成了一個特別的刑具。不過這也可以看出聖人的良苦用心 —— 懲罰不是目的，目的是要受罰的人認識到錯誤並改正。

在孔府大堂後的廊道裡有一條紅漆長凳。拜謁孔府的人

到此感覺有些累，總想坐上休息一下。其實這條凳子是不能坐的。與它有關的故事是這樣的：

明代大奸臣嚴嵩罪行敗露後，將要被皇帝治罪。嚴嵩想到他的孫女嫁給了孔子第六十四代孫孔尚賢，於是就跑到孔府求他向皇帝說情。孔尚賢清楚嚴嵩的奸詐行為，不想幫他，卻不好當面說，於是就讓嚴嵩在這條凳子上乾坐著，對他不理不睬，進行冷處理。事後人們都稱嚴嵩坐過的這條凳子為「冷板凳」。既然是有名的「冷板凳」，誰還願意坐呢？

孔府的三堂之後，就是孔府的內宅院，就像故宮的三大殿之後是內廷一樣。在三堂與內宅院之間有一道禁門，平時此門戒備森嚴，任何外人不得擅自進入。清朝皇帝還特意賜虎尾棍、燕翅鎧、金頭玉棍三對兵器，交守門人使用，有擅入者則嚴懲不貸。

在內宅門西的牆上有一個石槽，穿過牆壁連通宅內外。它是做什麼用的呢？原來，外人不許擅自進入內宅，也包括挑水夫等雜役。為了讓水進入內宅，挑水夫就在宅外把水倒入牆上的石槽，使水透過石槽流入內宅院，牆內人再接水使用。

內宅院門的照壁上有一個四不像的怪獸，偶蹄、獅尾、龍頭、周身掛麟披毛，面目猙獰，抬頭張著大口，捲舌露

齒。這隻怪獸傳說是天上的神獸，天生貪得無厭，所以名叫「貪」。雖然它已經吞食了眾多金銀財寶，卻還不滿足，還想張開大口把天上的太陽吞食下去。由於它的饕餮無厭，最後墜入大海被淹死了。孔府用這麼一個不吉利的動物作照壁，是想借它來提醒孔府內的每一個人都應知足、感恩，不要貪戀財物，否則就會自身不保。

在孔府的內宅院裡，一些居室都還保留著原來的樣子，如前堂樓中間有一銅製暖爐，為當時取暖的用具；東間的「多寶閣」內，擺設著鳳冠、人蔘、珊瑚、靈芝、玉雕、牙雕等；裡套間為孔子七十六代孫、衍聖公孔令貽夫人陶氏的臥室。還有七十七代孫、衍聖公孔德成十四歲時寫的「聖人之心如珠在淵，常人之心如瓢在水」的條幅，原封不動地掛在壁上。後堂樓是孔子七十七代孫、衍聖公孔德成的住宅，裡面還陳列著孔德成結婚時的用品以及當時友人贈送的字畫和禮品。

內宅院的最北面是孔府花園，又名鐵山園。其實孔府花園裡並沒有鐵山，孔子第七十三代孫、衍聖公孔慶鎔在清嘉慶年間重修花園時，移了幾塊形似山峰的鐵礦石到花園西北隅，並稱天降神石幫助他修建花園，他自己從此也以「鐵山園主人」自稱。

花園在初建後經過三次大修。第一次修建時是李東陽主持的，因為李東陽的女兒嫁給了孔子第六十二代孫、衍聖公

孔聞韶，做了一品公夫人，所以李東陽就極花心血地營建。第二次是嚴嵩取代李東陽當權後，嚴嵩也把自己的孫女嫁給孔子第六十四代孫、衍聖公孔尚賢做了一品公夫人，並幫助衍聖公擴建孔府和整修花園，從各地弄來奇石怪岩、名花奇草，使得孔府花園更為可觀。第三次是乾隆帝把女兒嫁到孔府時。經過幾次修建後，花園越修越大，占地達十餘畝。在花園內有一株近四百年的「五君子柏」，非常奇特 —— 同一個柏樹根上長出五棵柏樹，這五棵同根的柏樹中間又生出一株槐樹，因此人們稱其為「五柏抱槐」。有詩描繪此奇景曰：「五干同枝葉，凌凌可耐冬。聲疑喧虎豹，形欲化虬龍。曲徑陰遮暑，高槐翠減濃。天然君子質，合傲岱岩松。」

　　現在後花園裡還有一個畫壁，上面畫了一條金色的道路，路的一邊是樹，一邊是水，奇怪的是無論參觀者站在什麼位置，都感覺自己好像是正對著道路的中央。由於這條路是金色的，所以名為「金色大道」。1936 年，創作者採用三維技法作了此畫，特殊的創作技法使得此畫似乎具有了靈性。

　　走進孔府，在欣賞古建築樣式的同時，人們會不由得發出「孔府龐然何所觀，衙門模樣海同寬」的感嘆。也許，人們還會想到，原來，文才、道德的光輝是永不會黯淡的。

第三節　春湖落日水拖藍，天影樓臺上下涵 —— 頤和園

　　頤和園是中國現存規模最大、保存最完整、最具代表性的皇家園林，有「皇家園林博物館」之稱。它位於北京市西北近郊海澱區，距北京城區十五公里。現占地約二百九十公頃，共有亭、臺、樓、閣、廊、榭等不同形式的建築三千多個，景點建築物百餘座，古樹名木一千六百餘株。

　　頤和園的前身清漪園，始建於乾隆十五年（1750 年），至乾隆二十九年（1764 年）建成，是乾隆建造的一所供自己遊樂的御花園。咸豐十年（1860 年），英法聯軍進入北京後，清漪園被焚燬。光緒十四年（1888 年），慈禧太后在清漪園舊址上興建了供自己消夏遊樂的花園，並改名為頤和園。可是好景不長，到光緒二十六年（1900 年），頤和園又遭「八國聯軍」的破壞，許多建築物被燒燬。光緒二十九年（1903 年），一些被燒燬的建築物得到修復。後又經過多次修繕，最終使頤和園呈現出今天的面貌。

　　頤和園所具有的園林文化、建築文化等都得到了世人的認可，1998 年 12 月，聯合國教科文組織將頤和園列入《世界遺產名錄》，並評價此園說：「其亭臺、長廊、殿堂、廟宇和

小橋等人工景觀與自然山巒和開闊的湖面相互和諧、藝術地融為一體，堪稱中國風景園林設計中的傑作。」

頤和園以昆明湖、萬壽山為基址，以杭州西湖風景為藍本，汲取江南園林的設計手法和意境進行營建，達到了「取之自然而高於自然」的境界。全園以昆明湖的水景為主，水面約占頤和園總面積的四分之三。萬壽山則被湖水環繞懷抱，山水相映，熠熠生輝。頤和園中的建築依山傍水、因勢而建，完全達到了自然與人造境的相映成趣、優勢互補，宛若一幅畫卷。

由於頤和園曾是慈禧太后的常住之地，在她實際掌權的多年間，慈禧太后把頤和園當作了經常接見大臣的政治要地，同時又是她生活的樂園。於是人們就據此把頤和園分為政治活動區、生活居住區和風景遊覽區三大塊。政治活動區以莊重威嚴的仁壽殿為中心，是慈禧與光緒帝從事內政、外交活動的主要場所。生活區以樂壽堂、玉瀾堂、宜藝館等庭院為中心，是慈禧、光緒及后妃居住的地方。風景遊覽區是以萬壽山和昆明湖為中心形成的遊樂區域。

萬壽山是燕山餘脈，海拔有 108.94 公尺，前臨昆明湖。萬壽山原名「甕山」，明弘治七年（1494 年），孝宗的乳母助聖夫人羅氏在山前建圓靜寺。到乾隆十五年（1750 年），乾隆帝為慶祝皇太后六十誕辰，就在圓靜寺的舊址上建造了大

報恩延壽寺。後來，乾隆帝認為甕山的名字不雅，遂於乾隆十六年（1751年）將它改名為萬壽山，寓含祝母后長壽之意。同時據萬壽山自然形成之勢，將開拓昆明湖的土，按造園布局的需求堆放在山的左右，使東西兩坡舒緩而對稱，構成了頤和園的主體。

萬壽山上的建築群皆依山而築，前山以八面三層四重簷的佛香閣為中心，組成巨大的主體建築群。從山腳的「雲輝玉宇」牌樓，經排雲門、二宮門、排雲殿、德輝殿、佛香閣，直至山頂的智慧海，形成了一條層層上升的中軸線。東側有「轉輪藏」和「萬壽山昆明湖」石碑。西側有五方閣和銅鑄的寶雲閣。後山有宏麗的西藏佛教建築和屹立於綠樹叢中的五彩琉璃多寶塔。山上還有景福閣、重翠亭、寫秋軒、畫中游等樓臺亭閣，登臨可俯瞰昆明湖上的景色。

昆明湖中有一道長堤，名為西堤，它自西北逶迤向南，與支堤把湖面劃分為三個大小不等的水域。每個水域各有一個湖心島，成鼎足之勢，意寓傳說中蓬萊、方丈、瀛洲三座有神仙居住的神山。堤上有六座橋，是模仿杭州西湖的蘇堤和「蘇堤六橋」而建，使得昆明湖頗具西湖之神韻。明代大才子文徵明在此遊玩時，曾作詩《西湖》一首，詩云：

春湖落日水拖藍，天影樓臺上下涵。
十里青山行畫裡，雙飛白鳥似江南。

思家忽動扁舟興，顧影深懷短綬慚。

不盡平生淹戀意，綠蔭深處更停驂。

可見昆明湖神韻營造之巧，竟使得文人們誤把京城作杭州。

在昆明湖的廓如亭和南湖島上，有一座淩波而起的石拱橋。橋長一百五十公尺，有十七個橋洞，人們名其為「十七孔橋」。十七個橋洞中第九個最大，依次向兩端逐漸縮小，對稱排列，使得橋身如一張拉開的弓，又如一道虹橫貫湖上。當然，十七孔橋之所以建十七個橋洞，也與它出現在皇家花園中有關聯。從橋兩端數起，到九時剛好就是那個最大的洞。而古代認為九是最大的，是代表皇帝的數字，非常吉利，所以這座橋就擁有了十七個橋洞。橋上的石雕都極其精美，共有神態各異的石獅子五百四十四隻，堪與盧溝橋媲美。橋的東邊有一尊銅牛，據說是為了鎮壓水患而建造的，故稱為「鎮水銅牛」。它以神態生動、栩栩如生、形似真牛而著稱於世，背上有乾隆帝撰寫的篆體《金牛銘》。

在萬壽山之南和昆明湖之間，有一個世界上最長的畫廊，於 1992 年被列入了「金氏世界紀錄」，它就是頤和園長廊。它東起邀月門，西至石丈亭，橫貫萬壽山麓，沿昆明湖北岸東西逶迤，與萬壽山主體建築的縱向軸線相互呼應。長廊共二百七十三間，全長七百二十八公尺。長廊的中間建有

象徵春、夏、秋、冬的「留佳」、「寄瀾」、「秋水」、「清遙」四座八角重檐亭。東西兩段又有短廊伸向湖岸，銜接著對鷗舫和魚藻軒。長廊的每根枋梁上都有彩繪，內容包括山水風景、花鳥魚蟲、人物典故等，其中的人物畫多取材於中國古典文學名著《紅樓夢》、《西遊記》、《水滸傳》、《三國演義》、《聊齋志異》、《封神演義》。圖畫共有一萬四千餘幅，堪稱是繪畫藝術與文學藝術的完美結合。從遠處覽望長廊，它宛如一條美麗的絲帶，將分布在湖山之間的樓、臺、亭、閣、軒、館、舫、榭有機地連綴為一個整體。

在石丈亭的西邊，有個大大的石舫，這是頤和園內著名的水上精品。這個石舫的船體建造於乾隆二十年（1755 年），由一整個巨石雕刻而成，全長三十六公尺。後來清漪園被英法聯軍焚燬時，此石舫上的艙樓亦不免於難。

現在看到的石舫是慈禧掌權時建造的，據說慈禧為了慶祝自己的五十大壽，就讓人重修清漪園，並將園子改名為「頤和園」。雖然當時的國庫已經沒有銀子可供使用，但慈禧太后不管這些，竟然動用了海軍軍費供自己享樂。當時掌管海軍事務的軍機大臣，只好藉口要在昆明湖操練海軍，以掩人耳目來重修清漪園。軍機大臣也許是良心未泯，還不敢明目張膽地任意而為，於是在建好的石舫上安裝了石炮，以證明是海軍所用。可慈禧太后卻不幹了，說這東西太傷景色，大發

雷霆。掌管修園事務的大臣明白她的目的只是供自己享樂，於是就借用西方建築技術，把石舫上的艙樓改為了西式建築，並取「海清河晏」之意，命名為「清晏舫」。一座普通的石舫，就這樣經歷了清朝統治者的奢靡和晚清民族的恥辱。

在萬壽山西部的半山腰，有一組設計非常精巧、布局近乎天工的建築群，它就是「畫中游」。畫中游由四個主要建築構成，主閣是最南端的八角重檐，透過盤旋的小廊與東西兩側的「愛山」、「借秋」兩座小樓相連，它的北端是澄輝閣。整組建築互不遮擋，相互映襯，由迴廊曲徑相連，形成高低起伏之勢。各閣不僅是觀賞之主體，又是別閣觀賞之景色，置身其中，恍如置身畫中一般，故而名曰「畫中游」。此景簡直就是詩歌「別人裝飾了你的窗戶，你裝飾了別人的夢」的立體呈現。

萬壽山的山脊上有一座八面三層四重檐、高四十一公尺的樓閣，名曰「佛香閣」。當初乾隆修建清漪園時，原打算在此建一座九層寶塔——延壽塔，可是建到第八層時，乾隆一道聖旨，宣布把已建好的全部拆掉，重新建一座八方閣，即今天看到的「佛香閣」。關於乾隆帝為什麼突然改變主意，有人說，乾隆帝建延壽塔，名義上是為母后祝壽，而實際上卻是想把「三山五園」的景色連成一體，但建到第八層時，發現與想像不符，於是就把塔拆了。改建以後，景色在整體性上

確實有了很大起色，也收到了比較好的效果。佛香閣高大穩重，與前山建築融為一體，使閣、山、湖相映生輝、和諧成趣，完美地實現了中國園林建設常用的借景手法。

萬壽山前山景色迷人，後山的建築也毫不遜色。後山有一個景色很有人氣，那就是「買賣街」。這條街依照蘇州的三塘街而建，故又名「蘇州街」。它位於後山四大部洲的中軸線上，後溪河的中心部位，長約三百公尺。據說，這條街人氣最旺時，店面多達二百餘間，各行生意都能在這裡找到身影。之所以在皇家園林中有這麼一條買賣街，很明顯是為了供深居宮內的皇帝、后妃遊玩取樂。

雖然頤和園是皇帝的樂園，但其中一隅，對光緒帝來說如同牢房，這就是「玉瀾堂」。玉瀾堂西南臨昆明湖，是一座三合院式的建築。正殿玉瀾堂坐北朝南，東有霞芬室配殿，西有藕香榭配殿。只有一條與外界相通的路，其他的皆被封死。當年，光緒帝看到清末政治腐朽、經濟衰敗、外受列強侵略的危急情形，就想透過變法實現富國強兵，力圖使大清光興。但是保守的慈禧太后此時實權在握，不想變法，於是她就在光緒二十四年（1898 年），發動宮廷政變，殺害了譚嗣同等人，並把光緒皇帝囚禁於玉瀾堂。光緒帝有志不得伸，鬱鬱早亡。走進玉瀾堂，也許你還能感覺到光緒帝的鬱悶，還會感受到變革的艱辛！

　　皇家園林頤和園，它借景生景的卓越建築技法，不僅彰顯著中華民族的偉大文明和智慧，還承載著一段歷史興衰的記憶。

第四節　太乙高樓燈似畫，未央前殿月移輪 ── 圓明園

　　圓明園位於北京西郊海澱區，與頤和園毗鄰。由圓明園、長春園、萬春園三園組成，面積逾十六萬平方公尺，風景百餘處，是經雍正、乾隆、嘉慶、道光、咸豐五位皇帝一百五十多年營建成的一座大型皇家宮苑。

　　康熙四十六年（1709 年），康熙帝把位於海澱西北的一座大型花園賜給了自己的四皇子胤禛，並命名為「圓明園」，還親自為此園題名書匾。胤禛就是後來登上帝位的雍正皇帝。對於圓明園的名字，雍正皇帝有自己獨到的認識，他有一篇《圓明園記》，其中這麼說道：「至若嘉名之賜以圓明，意旨深遠，殊未易窺。嘗稽古籍之言，體認圓明之德。夫圓而入神，君子之時中也；明而普照，達人之睿智也。若舉斯義以銘戶牖，以勗身心，虔體天意，永懷聖誨，含煦品彙，長養元和，不求自安而期萬方之寧謐，不圖自逸而冀百族之恬

熙。庶幾世躋春臺，人遊樂國，廓鴻基於孔固，綏福履於方來。」

雍正帝把康熙帝所書的「圓明園」三字作為自己的格言，認為其意蘊深遠，不斷鞭策自己努力奮進，以期達到「不求自安而期萬方之寧謐，不圖自逸而冀百族之恬熙」的目標。這也許是雍正帝在做皇子時一直用「圓明」作為自己的佛號的主要原因。

在圓明園正式成為胤禛居所之初，它只不過是康熙帝暢春園北邊的一個小花園而已。雍正帝登基後，他就開始了對圓明園的擴建。《圓明園記》中也對擴建後的圓明園做了詳細敘述。其云：「始命所司酌量修葺，亭臺邱壑，悉仍舊觀。唯建設軒墀，分列朝署，俾侍直諸臣有視事之所。構殿於園之南，御以聽政。晨曦初麗，夏晷方長，召對諮詢，頻移畫漏，與諸臣相接見之時為多。園之中或闢田廬，或營蔬圃，平原膴膴，嘉穎穰穰。偶一眺覽，則遐思區夏，普祝有秋。至若憑欄觀稼，臨陌占雲，望好雨之知時，冀良苗之應候。則農夫勤瘁，稼事艱難，其景象又怳然在苑囿間也。若乃林光晴霽，池影澄清，淨練不波，遙峯入鏡，朝暉夕月，映碧涵虛，道妙自生，天懷頓朗。乘機務之少暇，研經史以陶情，拈韻揮毫，用資典學。」

從所述可知，雍正帝對於園中原來的亭臺邱壑並沒有改

動，而是在此基礎上，增建了一些行政住所，特別是在圓明園的南部，建造了皇帝聽政的殿堂。這樣，圓明園也就具有了行政職能。同時，園裡還增加了田舍、菜園等，皇帝可以借此感受民情、民時。當時，此園讓皇帝心曠神怡的景色，「映碧涵虛，道妙自生，天懷頓朗」，令人流連忘返。並且，園內還藏有大量圖書，以助皇帝「研經史以陶情」。可見，經過擴建後的圓明園，功能是非常齊全的。

雍正帝以後，又經過乾隆、嘉慶、道光、咸豐四位皇帝的用心營建，圓明園終於成為一座規模宏偉、景色秀麗的皇帝行宮，同時還彙集了眾多的奇珍異寶。

從今天可見的乾隆所作圓明園四十景的詩篇中，就可以感受到乾隆時期的圓明園是多麼的美麗，如《麴院風荷》詩，其詩序稱：「西湖麴院，為宋時酒務地，荷花最多，是有麴院風荷之名。茲處紅衣印波，長虹搖影，風景相似，故以其名名之。」

其詩云：「香遠風清誰解圖，亭亭花底睡雙鷗。停橈堤畔饒真賞，那數餘杭西子湖。」

一句「那數餘杭西子湖」，對此園中的一角景色推崇備至，杭州西湖也無法與之媲美。

圓明園內還藏有大量世人難以想像的奇珍異寶。也正是

這些讓人垂涎的珍寶，為它後來的毀滅埋下了伏筆。法國的大文豪雨果就曾這樣評價圓明園：「即使把中國所有博物館的全部寶物加在一起，也不能和這個規模宏大而富麗堂皇的東方博物館媲美。」

富麗堂皇的外表，巧奪天工的風景布局，無法想像的珍藏，從外到內，都讓這個園林充滿著誘惑。它的這種誘惑力，終於在清朝國力不支的窘境中，為其帶來被蹂躪、踐踏和毀滅的命運。

1860 年 10 月 6 日，英法聯軍進入北京後直奔圓明園。腐朽的清政府與同是得了軟骨症的清軍，根本難以保衛這座至高無上的園林。很快，英法軍隊就闖入了圓明園，在這個外界已傳說多時的世界級博物館裡四處搶劫。

能拿走的，他們就拼了命地拿，拿不走的，就極力地破壞、打砸。為了掩飾自己搶劫的惡行，他們還在臨走時用一把火將圓明園付之一炬。據當時英國的《泰晤士報》通訊稱：「據估計，被劫掠和被破壞的財產，總值超過六百萬鎊」。他們搶劫與毀壞的不僅僅是清政府圓明園的珍寶，還是具有重要文化價值的人類珍寶。

1900 年，由於清政府的無能，圓明園又遭遇了八國聯軍的洗劫，園裡殘剩的磚磚瓦瓦又被翻了個遍。搶奪之餘，他

們還把園內火劫之餘零星分散的建築、木橋的柱子、椿子鋸斷，用大繩拉倒，園內大小樹木也被濫伐殆盡。舉世無雙的圓明園，就這樣成了一片殘垣斷牆、破瓦斷柱。

無論清代文字中的圓明園多麼美好，面對那孤立無依、傷痕纍纍的圓明園大門遺址，我們心中都無法產生美感，而只有氣憤與氣憤過後的痛思。

現在，圓明園遺址得到了中國政府的關注，經過精心的修繕與保存，如今的圓明園已經成為一座遺址公園。

在對圓明園進行修繕時，建築師們巧妙地借用殘存的遺址，使圓明園又有了一道道亮麗的風景。

其中的正覺寺，原位於綺春園正宮門之西，與綺春園既有後門相通，又獨成格局，單設南門。它是清帝御園圓明園附屬的一座佛寺，俗稱「喇嘛廟」。此寺建成於乾隆三十八年（1773 年），由山門、天王殿、三聖殿、文殊亭、最上樓、配殿等主要建築組成，山門外檐有乾隆親筆題寫的「正覺寺」三字。1860 年和 1900 年，外國侵略軍兩次洗劫圓明園時，由於正覺寺獨處綺春園牆外而倖免於難。但後來還是在戰爭中受到損毀，僅殘存有山門、文殊亭和四座配殿及二十六株古樹。從 2002 年起，政府開始對正覺寺進行清理、修繕，並於 2003 年順利完工。

　　仙人承露臺位於鳳麟洲湖西岸山凹內。圓明園遭到燒燬時，原來的銅鑄雕像丟失。1989 年，中國政府依照原來的樣式和大小，用墨玉石雕塑了一座仙人像，置於原來的露臺之上。有關承露仙人，還有一個傳說。

　　漢武帝一心想求長生不老，有道士就謊說用天降甘露，拌以其他藥物食用，就能長生不死。漢武帝聽後信以為真，就下令在西安建章宮修造了一尊托盤承露銅仙人。

　　原來仙人承露臺表達的是人們渴望長生的願望。

　　西洋樓景區位於長春園北界，是中國建造的第一座歐式園林，由諧奇趣、黃花陣、養雀籠、方外觀、海晏堂、遠瀛觀、大水法、觀水法、線法山、線法畫等十餘座西式建築和庭院組成，占地約七公頃。它由西方傳教士義大利人郎世寧（Giuseppe Castiglione，1688 ～ 1766 年）和法國人蔣友仁（R.Michel.Benoist，1715 ～ 1744 年）設計監修。這裡曾是清代皇帝最引以為豪的景觀，其中的大水法，曾令中外很多人為之傾倒。在 1860 年圓明園罹劫時，由於這些建築物多以石頭為主要建築材料，它的殘垣斷壁，雖經百年風雨，至今還醒目地交錯堆砌。其中的部分遺址，在清理廓址的基礎上，進行了修復，如迷宮黃花陣陣牆、中心街亭等。新築與殘壁相雜，輝煌與頹廢相較，遊人在此，猶如穿梭於時空兩端，那種感覺與閒步於蘇州園林中的感受是完全不同的。

　　含經堂是長春園內最大的園林建築風景群，主要建築分三路軸線縱向並列，有大小殿座近三十座。始建於乾隆十年（1745 年），是乾隆為頤養天年所建造的。在圓明園遭受劫難時，含經堂受到了嚴重破壞，基本是蕩然無存。從 2001 年 4 月起，政府對含經堂遺址進行了系統的考古發掘，蘊真齋、淳化軒、神心妙達、看戲殿、扮戲樓、戲臺、澄波夕照、理心齋、梵香樓、儀門、牌樓等規模宏偉的建築群遺址一一呈現。現依據「可逆、可讀、可看」的保護原則，對其實施保護性修繕後，「含經堂」已經成為圓明園的新景點，成為進行愛國主義教育的生動課堂。

　　圓明園內還有綺春園石殘橋、涵秋館、別有洞天、蓬島瑤臺、圓明園盛時全景沙盤模型、長春園獅子林等景觀。不過，無論圓明園的景觀如何，遊人們看到更多的是歷史的陳跡與國家的磨難，園中再也沒有了清代朝臣們所盛讚的情景：

> 銀漢星橋不動塵，斜飛火鳳入勾陳。
> 一聲雷起地中蟄，萬樹花開天上春。
> 太乙高樓燈似畫，未央前殿月移輪。
> 君王行樂新年盛，先使恩光遍近臣。

第五節　適情處處皆安樂，大抵園林勝市朝 —— 拙政園

拙政園有著「中國園林之母」的美譽，1997 年，被聯合國教科文組織列入《世界遺產名錄》。

拙政園原為一座無名之園，最初它是唐代大詩人陸龜蒙的私人住宅，在這裡，陸龜蒙創作了無數優美的詩篇。到了元代，拙政園成為大弘寺所在。明代嘉靖年間，御史王獻臣仕途失意，決心遠離官場，歸隱蘇州，於是他在正德四年（1509 年）將拙政園買下，並聘請明代四大才子之一的文徵明重新設計園林藍圖。經過十六年的營建，終於建成了一座在當時無與媲美的私家園林。

王獻臣為了表明自己退隱的意願與享受閒適生活的渴望，借用西晉文人潘岳在《閒居賦》中的句子：「築室種樹，逍遙自得……灌園鬻蔬，以供朝夕之膳……此亦拙者之為政也」，把這個宅子取名為「拙政園」。

可惜，拙政園建成不久，王獻臣就去世了。沒過多久，他的兒子竟在一夜豪賭中把剛剛建成的拙政園輸給了別人。從此以後，拙政園屢屢易主，甚至被一分為三，名稱更是幾經變更。直到 1950 年代，才恢復初名「拙政園」。

如今的拙政園，坐落於蘇州市東北街 178 號，全園占地七十八畝，分為東、中、西和住宅四個部分。其住宅是典型的蘇州民居建築，現已經成為園林博物館展廳所在。

東園面積約三十一畝，原名為「歸田園居」。不過，這裡並不是王獻臣所建。由於王獻臣兒子敗家，到明代崇禎年間，拙政園已經數易其主，東園早已荒涼、衰敗。這時，在朝廷任侍郎的王心一也想到蘇州隱居，於是就購買了拙政園東部的荒涼地，並重新建造景觀，以平岡遠山、松林草坪、竹塢曲水為主，配以山池亭榭，主要有蘭雪堂、芙蓉榭、天泉亭、綴雲峰等，由於他欽慕陶淵明隱居時那種「採菊東籬下，悠然見南山」的心境，於是就將本園命名為「歸園田居」，而沒有襲用「拙政」二字。現在此區的景觀大多為新建，主要有秫香館、松林草坪、芙蓉榭、天泉亭等。

西園原名為「補園」，面積約十三畝，以池水為中心，營建假山、走廊、亭閣。鴛鴦廳是西園中最大的建築，為方形平面帶四耳室樣式，廳內以隔扇和掛落劃分為南北兩部，南部名為「十八曼陀羅花館」，北部名為「三十六鴛鴦館」。「三十六鴛鴦館」是當時園主宴請賓客和聽曲的場所。

另一主要建築是「與誰同坐軒」，它是一座扇形亭，扇面兩側的牆上各有扇形空窗，正對著「倒影樓」和「三十六鴛鴦館」，後面亦有一窗，正好映入山上的「笠亭」。「笠亭」的頂

蓋與「同誰同坐軒」相映，恰好組成了一個完整的扇子。「與誰同坐軒」的名字也是有來歷的，它源於宋代大詩人蘇東坡的詩句：「與誰同坐，明月，清風，我。」一睹詩句，就會有一種油然而生的愜意與清新，那是拂去了世間塵囂與庸俗後的升華。

另外，西園內還有留聽閣、宜兩亭、倒影樓、水廊等。

拙政園的中部是彰顯其園林特色的所在。中部面積約有十九畝，其中水域就占了近三分之一。它的各個人造景觀，依水面的變化而建，形態各異，參差錯落，相互映襯。

中部的主建築是遠香堂，它也是拙政園的主建築。「遠香堂」南面有小池和假山，還有小竹林；北面是寬闊的平台，平台連接著荷花池，它亦是中部的主景所在。在荷花池中東西各有一假山，西山上有「雪香雲蔚亭」，東山上有「待霜亭」，兩山又有溪橋相連接；東面有枇杷園、玲瓏館、嘉實亭、聽雨軒、綠綺亭、梧竹幽居等眾多景觀，從梧竹幽居向西還能眺望到聳入雲霄的北寺塔；西面是幽幽的曲廊，接通了小滄浪廊橋。中部整個布局小巧精緻而不顯擁擠侷促，各個景觀爭奇鬥彩，相映成趣，卻又不相互遮蔽，幾乎把中國私家園林的精髓皆匯聚於此。

中國第一座園林博物館，就建立在拙政園原來的住宅

區，它分為園原廳、園史廳、園趣廳、園冶廳四個展廳。「園原廳」主要敘述蘇州造園之風長盛不衰的原因，「園史廳」則是引導觀眾穿越時空縱覽蘇州園林的發展歷程，「園趣廳」分別展示了中國乃至世界各地園林的不凡風姿，「園冶廳」透過對蘇州園林造園要素和造園藝術的剖析，揭示了蘇州園林在世界園苑之林中自成體系的原因。透過這四個展廳的詳細介紹，園林所蘊含的更多韻味，將更加彌久地停留於欣賞、品味園林藝術的人們的心中。

如前所述，拙政園的設計者是當時「江南四大才子」之一的文徵明。文徵明與園主王獻臣關係甚洽，常徜游於拙政園，往往對景即畫，並題詩於上，把拙政園的一個個景觀皆移置於紙上，使得今天人們可以借其〈文待詔拙政園圖〉，一睹拙政園當時的勝景。作為大書法家的文徵明，還作有一篇《王氏拙政園記》，後摹刻於石。今天，在倒影樓下的「拜文揖沈齋」中可以一睹其風采。此文用靈動之筆，記曰：「竹澗之東，江梅百株，花時香雪爛然，望如瑤林玉樹，曰瑤圃。圃中有亭，曰嘉實亭，泉曰玉泉。凡為堂一，樓一，為亭六，軒、檻、池、臺、塢，澗之屬二十有三，總三十有一，名曰拙政園。是故高官勝仕，人所慕樂，而禍患攸伏，造物者每消息其中，使君得志一時，而或橫罹災變，其視末殺斯世，而優遊餘年，果孰多少哉？君子於此，必有所擇矣。」

　　大才子文徵明移步換景，把拙政園的三十處景觀與特色濃縮於此篇中，又借此探討人生應該如何進行抉擇，可謂景美，字美，文美，意蘊亦深。

　　曾為拙政園主人的明代侍郎王心一，也有一詩描繪他在放眼亭欣賞杏花的情形，其云：

濃枝高下繞亭臺，初染胭脂漸次開。
遮映落霞迷澗壑，漫和疏雨點莓苔。
低藏雙燕人前舞，密引群蜂花底回。
安得廬山千樹子，療飢換有穀如堆。

　　從最後兩句可以看出，王心一心懷天下，以治天下疾苦為己任。品格高治的他入主拙政園，使拙政園更加聲名遠颺。

　　與王心一相似的，還有柳如是。柳如是原是一個名妓，其地位遠遠無法與王心一這位政府官員相比。但是她在明朝滅亡後，積極與文人志士從事反清復明的活動，並把自己的所有積蓄捐獻出來。她的這種一心為國的品格，與王心一無二，且得到了後世的認可。國學大師陳寅恪專門為其著書立傳，以讚美這位女子的不凡氣魄和愛國之心。

　　蔣棨成為拙政園的新主人時，他所擁有的僅是中部的復園。他重新整治，使自己的拙政園彰顯出市井中山林之勝的韻味，並在園內藏有大量圖書，與愛書人共同閱讀、吟誦，

清代著名的詩人、學者袁枚、趙翼、錢大昕等都相繼來此讀
書，袁枚還專門寫了一組詩送給蔣棨。其中一首詩云：「縹
帶橫陳萬卷餘，嬋嬛小犬鎮相於。人生只合君家住，借得青
山又借書。」如此豐盛的藏書，如此幽雅的環境，正是無數讀
書人所嚮往的居所，無怪乎袁枚發出「人生只合君家住」的
喟嘆。

　　拙政園亭閣上的楹聯，也使得這個園子的文化氛圍甚
濃，如「拙補以勤，問當年學士聯吟，月下花前，留得幾人
詩酒。政余自暇，看此日名公雅集，遼東冀北，蔚成一代文
章。」上下聯首字巧用「拙」、「政」二字，且追憶了此園昔日
學士、名公雅集的盛景。又如「爽借清風明借月，動觀流水靜
觀山」，「燕子來時，細雨滿天風滿院；闌干倚處，青梅如豆
柳如煙」等，也都是巧用前人名句或典故，字裡行間散漫出此
園的底蘊。

　　面對如今的拙政園，周瘦鵑在《蘇州好·調寄望江南》中
寫道：「蘇州好，拙政好園林。四面荷風三面水，紅裳翠蓋滿
池心。炎夏愜幽尋。」蔣吟秋也為之作詩曰：「拙政名園好景
多，池塘屈曲漾晴波，遠香堂外清如畫，四面涼風萬柄荷。」

　　不過，我們在感受這處庭院遺蹟時，還要體會唐朝詩人
白居易在《諭親友》中所言，「適情處處皆安樂，大抵園林勝
市朝。煩鬧榮華猶易過，優閒福祿更難銷」。並時刻記著其名

日「拙政園」的喻義，「政」不僅僅指官場中的鑽營，也指看似笨拙的自給自足的田間勞作；「安樂」不僅僅是官場上的平步青雲，更重要的是人心修煉所獲得的境界。拙於政者，退而耕作自給，何嘗不是人生至樂。

第三章　神祠遺蹟

《論語》曰：「子不語怪、力、亂、神。」後人都把孔子尊稱為先師、聖人，建造孔廟並祭祀他。之後，印度的佛教傳入中國，道教也在中國本土產生了，加之古時中國民間很多人都深信不疑地認為「舉頭三尺有神明」，「暗室虧心，神目如電」，於是，佛教的石窟、寺廟，道教的宮觀，各家的祠堂紛紛出現。

今天，那些頹敗的神祠和神像，壁斷垣殘，香消爐冷，卻依然瀰漫著威嚴與震懾的氣氛。也許，破敗只是表象，真正的精神，早在神祠產生的那天起，就注定永恆地存在於神祠遺蹟之中。

因而，無論走到龍門石窟、莫高窟，還是站在樂山大佛的腳下，抑或面對儒學先師的孔廟，我們的心，依然充滿崇敬。

第一節　石闕三千一百座，佛光萬丈法無邊 —— 龍門石窟

龍門石窟位於伊河兩岸，距河南洛陽城區約十三公里。這裡為香山、龍門山兩山對峙之處，伊河從兩山間流過，遠望猶如天開之門，故有「伊闕」之名。東漢時，傅毅作《反都賦》，其中寫道：「因龍門以暢化，開伊闕以達聰」，首次用了

「龍門」二字。

不過，龍門石窟中的「龍門」二字，是經過隋煬帝的「金口玉言」，才確定下來的。據說隋煬帝欲建都洛陽，登邙山觀察地形，南望伊闕，說道：「此非龍門耶？自古何不建都於此？」大臣蘇威趕緊奉承道：「自古非不知，以俟陛下。」意思是說，自古以來人們都知道這裡風水好，有龍脈，但都不敢妄稱此為龍門。從此，「龍門」的名字就廣為流傳，而很少有人叫它「伊闕」了。

由於天然之勢，這裡成了洛陽自然景觀之首。唐朝大詩人白居易曾說：「洛陽四郊山水之勝，龍門首焉。」從流傳下來的詩篇可見，龍門曾是眾多文人騷客的雅遊之地。

龍門石窟最早開掘於北魏時期，其後各朝不斷在此開掘石窟、雕塑佛像，直至北宋。其中，北魏、隋、唐三朝的修建力度最大。龍門石窟現存有大大小小的石窟一千三百多個，窟龕兩千三百四十五個，題記和碑刻三千六百餘品，佛塔五十餘座，佛像九萬七千餘尊。最大的佛像高達 17.14 公尺，最小的僅有 2 公分。在這些洞窟中，北魏洞窟約占百分之三十，唐代占百分之六十，其他朝代僅占百分之十左右。

龍門石窟所保存的佛像，無論在佛學史上，還是在雕塑史、藝術史上，都占有重要地位。它與山西雲岡石窟、甘肅

敦煌莫高窟並稱為「中國三大石刻藝術寶庫」。2000 年 11 月，它被聯合國教科文組織列入《世界遺產名錄》；2007 年，被國家旅遊局評定為全國首批「5A 級旅遊景區」；2009 年，被中國世界紀錄協會收錄為中國現存窟龕最多的石窟。

在龍門石窟中，以古陽洞、賓陽洞、奉先寺最具有代表性。

古陽洞是龍門石窟中最早開鑿的。西元 493 年，北魏孝文帝遷都到洛陽。由於他篤信佛教，於是就在這一年開始在龍門西山開鑿石窟供奉佛祖釋迦牟尼。古陽洞窟頂為蓮花藻井，地面呈馬蹄形。佛祖釋迦牟尼著雙領下垂式袈裟，面容清瘦，眼含笑意，安詳地端坐在方臺上。侍立在佛祖左側的是手提寶瓶的觀音菩薩，右邊的是拿摩尼寶珠的大勢至菩薩。兩位菩薩表情文靜，儀態從容。

古陽洞內兩壁井然有序地雕鑿成三列佛龕，數以百計的佛龕中，有的上面刻著造像題記，記錄了當時造像者的姓名、時間、造像原因。也有的佛龕上刻有系列佛教故事，如南壁的釋迦多寶並坐佛，在佛教中又稱「二佛並坐」，此龕的龕楣上雕刻著一套完整的佛傳故事，講述了悉達多王子成佛的過程。

佛教從印度傳入中國後，北魏時官府在龍門石窟大量開

洞造像，此時造像的風格、特徵已經不同於以前。從此前的粗獷、雄健、挺實，轉變為清新、秀麗、瘦俏。佛像的面部表情也由嚴峻變得比較溫和，給人以親切之感。這在古陽洞的佛像上展現得最為鮮明。

說到古陽洞，就不能不說在金石碑刻藝術中負有盛名的「龍門二十品」。所謂「二十品」，就是二十篇刻於石碑上的造像記文，它主要表達了造像者祈福消災的願望。這些石碑的字形端正大方、氣勢剛健有力，採用的是隸書向楷書過渡中一種比較成熟的獨特字體，千百年來為書法家所稱道，這就是現在常說的魏碑體。「二十品」的稱呼最早見於清代康有為的《廣藝舟雙楫》和方若的《校碑隨筆》。由於其刻石字體具有高超的藝術美，後世書法家必選其進行臨摹。

這二十篇刻於石碑上的造像記，其中有十九篇在古陽洞中，另一篇在慈香窟內。古陽洞每年大量遊客，其中很多都是想來一睹這一書法奇珍。

「賓陽三洞」為賓陽中洞、南洞、北洞的總稱。它開工於西元 500 年，是北魏宣武帝為其父孝文帝做功德而建，歷時二十四年建成。515 年，宣武帝崩，年僅七歲的孝明帝即位，實權掌握在太后手中，於是就發生了宮廷政變，原本計劃的三洞，僅完成了中洞，南洞與北洞都是到初唐時才完成了主要的佛像，因而三洞的造像風格明顯不同。

賓陽中洞為馬蹄形平面，高 9.8 公尺，深和寬均為 11.1
公尺。洞頂雕刻蓮花寶蓋和十個迎風飄拂的伎樂供養天人，
即俗稱的「飛天」。洞中前壁南北兩側，自上而下有四層精美
的浮雕。第一層是以《維摩詰經》故事為題材的浮雕，叫做
「維摩變」。第二層是兩則佛本生故事。第三層為著名的〈帝
后禮佛圖〉，反映了宮廷的佛事活動，刻畫出佛教徒虔誠、嚴
肅、寧靜的心境，代表了當時生活風俗畫的最高水準。第四
層為「十神王」浮雕像。其中一些浮雕在 20 世紀三四十年代
被盜，現部分藏於美國紐約大都會博物館和堪薩斯州納爾遜
藝術博物館。

賓陽中洞是一座三世佛窟，正面是以釋迦牟尼佛像為主
的五尊雕像。釋迦結跏趺坐（為佛教中修禪者的坐法，即兩
腳交結，腳背挨著左右股上），身著褒衣博帶式袈裟，通高
8.4 公尺，面部清秀，神情飽滿，脖頸細長，體態修長，微露
笑意。左手向下屈三指，右手向前仰伸，此手勢為佛說法之
意，稱為「說法印」。本尊座前有兩隻昂首挺胸、姿態雄健的
石獅。胸毛左右分向後披，這是北魏雕刻獅子的特徵。左右
二弟子 —— 左迦葉、右阿難，二菩薩 —— 左文殊、右普賢
侍立。迦葉雕像刻工十分逼真，他滿臉皺紋、目不斜視、嚴
謹持重、深諳世故。兩菩薩身著披巾、瓔珞，含睞若笑，溫
雅敦厚。中洞南北兩壁都有一佛、二菩薩的造像立於覆蓮座

上。在各造像的後座上，雕飾有眾菩薩、弟子聞法浮雕像。這表明北魏時期受《法華經》影響較大，除了信仰釋迦、多寶外，還信仰三世佛。

賓陽南洞的洞窟為北魏時期開鑿，而洞中主要的佛像是在初唐完成的。唐太宗李世民的第四子魏王李泰為生母長孫皇后做功德，於是就在北魏沒有完成的賓陽南洞的基礎上，稍加開鑿並造像。洞中主佛為阿彌陀佛，面相飽滿，雙肩寬厚，體態豐腴，展現了唐朝「以胖為美」的風格。

賓陽北洞也完工於唐初。洞中所供主像為高近十公尺的阿彌陀佛，他結跏趺坐，雙手平分指天、地，此手勢寓意驅除眾生痛苦，令眾生無畏無懼，稱為「施無畏印」。左右兩側南北浮雕二天王，造型威武，剛強有力。

奉先寺東西深約四十公尺，南北寬約三十六公尺。據說它始建於武則天被冊立為皇后的永徽六年（655年），完工於上元二年（675年），費時約二十一年左右。在它完工時，武則天親臨主持了開光儀式。

龍門石窟最大的佛像就在這個寺內，它就是盧舍那佛。按佛教說法，佛有三身—— 法身是佛的本來之身，報身是佛經過長期修行而獲得的「佛果」之身，應身是佛為「超度眾生」而顯現之身。盧舍那佛即所謂報身佛，譯名「淨慚」。盧

舍那佛像高 17.14 公尺，其中頭部高 4 公尺，兩耳高 1.9 公尺。其面容豐腴典雅、眉若新月、雙目含情、慈祥外溢、嘴巴微翹而又含笑不露，雙眼稍向下俯視，目光恰好和禮佛朝拜者的仰視目光交匯，顯得莊重而文雅、睿智而明朗。從整體來看，盧舍那佛明顯具有女性化色彩，迥別於原來佛教中佛為男性的造像。據說這是由於此佛像為武則天捐脂粉錢所建，在塑造時是以武則天為原型的。

奉先寺內另有二弟子、二菩薩、二天王、二力士及兩個供養人。迦葉形象嚴謹持重，阿難形象豐滿圓潤、眉清目秀。菩薩頭戴寶冠、身掛瓔珞、肩搭帔帛、下衣長裙有出水之勢。天王手托寶塔，顯得魁梧剛勁。力士右手叉腰，左手手指併攏，威武雄壯，栩栩如生。從整個布局來看，盧舍那佛在上，眾弟子、菩薩等侍立兩側。

對比建造於北魏和唐朝的佛像，可以明顯看出兩個時代美學風格的不同。北魏造像不再有雲岡石窟造像粗獷、威嚴、雄健的特徵，而是生活氣息變濃，顯得活潑、清秀、溫和。北魏的佛像臉部瘦長，雙肩瘦削，胸部平直，衣紋的雕刻使用平直刀法，堅勁質樸。這與北魏時期人們崇尚以瘦為美有關。唐代的佛像臉部渾圓，雙肩寬厚，胸部隆起，衣紋的雕刻使用圓刀法，自然流暢。這與唐朝以肥胖為美相關。

龍門石窟還有一些很有特色的洞窟，如蓮花洞、火燒

洞、皇甫公洞、魏字洞、藥方洞、潛溪寺、萬佛洞等。藥方洞因其洞窟內刻有一百四十餘古代的藥方而得名，這些藥方比唐代醫學家孫思邈的《備急千金要方》還要早，用來治療現代的疑難雜症如糖尿病等，其在醫學史的地位可謂首屈一指。

宋代大學者邵雍曾在《十九日歸洛城路游龍門》寫道：「伊川往復過龍山，每過龍山意且閒。」對於龍門壯觀的石窟與佛像，唐朝詩人韋應物在《龍門遊眺》中也有如下的描述：「精舍繞層阿，千龕鄰峭壁。」面對這份珍貴的文化遺產，今人在一首名為《題龍門石窟》的詩中讚曰：「青龍曲隱白雲間，伊水蜿蜒繞膝前。石闕三千一百座，佛光萬丈法無邊。」

人們來到龍門石窟，膜拜過宣講著前世、今生、來世的釋迦大佛，喧囂、功利的心似乎突然間參透了生命的真諦。於是，千斤巨石從心頭滾落，也有了「每過龍山意且閒」的心境。

第二節　身毛九色映祥瑞，修凡五彩照人間 —— 莫高窟

莫高窟，漫天飛沙所致的落寞與頹敗，不僅沒有遮蔽佛的靈光，且幻化作婀娜嬌豔的飛勢，封存了千年的人類文明進程。

莫高窟位於甘肅省敦煌市境內，其名字的由來，有以下幾種說法。

第一種，由於莫高窟修造在鳴沙山東麓的崖壁上，周圍是大沙漠，其地形比敦煌綠洲高近百公尺。而在當時的語言中，沙漠的「漠」與莫高窟的「莫」是通用的，所以在沙漠高處開鑿的石窟便被叫做「漠高窟」，後來又演變成為「莫高窟」。

第二種，由於在古代敦煌，鳴沙山又稱為漠高山。於是，這些開在鳴沙山的石窟就被稱作「漠高窟」，後來演變為了「莫高窟」。

第三種，由於第一個僧人在此開窟後，他的弟子也相繼開鑿了石窟，但他們的道行都「莫高於此僧」，也就是難以超過師傅，於是在此地首開的石窟，就叫「莫高窟」，是為了紀念開創首窟之功。

關於莫高窟的形成，有一個美麗而虔誠的傳說。

西元 366 年，各地戰亂紛起，人民都生活在生死存亡的邊緣，找不到心靈得以慰藉的港灣。這時，佛的靈光，讓人們重新找到了生命的希望。人們對佛無比虔誠，當時的樂傳，就是這些人中的一員，他皈依了佛門，虔誠向佛，矢志不渝，要把佛的福音傳至眾生。

　　於是，樂僔開始雲遊四海。一天，他來到甘肅的三危山，又飢又餓，很是疲憊。這時，他抬頭向三危山對面的鳴沙山望去，只見鳴沙山的山頂上萬佛現身，金光燦爛，令人目眩。他急忙俯身下跪，拜迎佛神。隨後，萬佛的炫光消失了。樂僔心想，這肯定是佛在向自己昭示什麼。他決定，要在鳴沙山上開鑿石窟，以供奉佛像。

　　樂僔四處募捐化緣，請來工匠，在大泉河西岸的峭壁上進行開鑿。莫高窟的第一個石窟就這樣在這塊沙漠聖地上出現了。樂僔在石窟內供奉了佛像，並開始在此招收門徒，向他的弟子和善男信女布施講道。

　　在隨後的年月裡，樂僔的門徒和再傳門徒越來越多，「萬佛現身」的故事也越傳越廣。人們追隨樂僔，開鑿新的石窟，增加供奉的佛像。

　　莫高窟歷經了十六國、北朝、隋、唐、五代、宋、西夏、元等多個朝代，歷朝歷代的人們不斷地增加石窟和佛像，修繕這個萬佛現身的地方。最終形成了約有千個石窟，每個石窟內都供奉著佛像的壯觀景象。因此，人們又稱莫高窟為「千佛洞」。

　　如今的莫高窟，有北魏至元的洞窟七百三十五個，分為南北兩區。南區是莫高窟的主體，為僧侶們從事宗教活動的

場所，共有四百八十七個洞窟，每個洞窟均有壁畫或塑像。北區共有二百四十八個洞窟，其中只有五個洞窟存有壁畫或塑像，其餘都是僧侶生活、修行的場所。現在，莫高窟有壁畫和塑像的洞窟共計四百九十二個。在這些洞窟中，壁畫共計四萬五千平方公尺，泥質彩塑共計兩千四百一十五尊。

由於莫高窟是歷經多個朝代開鑿而形成的洞窟，這無疑會使得各個洞窟展現出的審美特點有所差異。很多人都認為，從洞窟構造及窟內的壁畫、雕塑等來看，莫高窟大致可以分為北朝、隋唐、五代和宋、西夏和元四個階段。

北朝時期的洞窟形制主要有禪窟、中心塔柱窟和殿堂窟三種。窟內壁畫的內容有佛像、佛經故事、神怪、供養人、飛天、供養菩薩和千佛，前期多以土紅色為底色，再以青綠赤者白等顏色敷彩，色調熱烈濃重，線條純樸渾厚，人物形象挺拔，有西域佛教的特色。西魏以後，底色多為白色，色調趨於雅緻，風格灑脫，具有中原的風貌。雕塑最初多為一佛二菩薩組合，後來又加上了二弟子。塑像人物體態健碩，神情端莊寧靜，風格樸實厚重。典型洞窟有第二百四十三窟、第二百四十九窟、第二百五十九窟、第二百六十八窟、第二百七十二窟、第二百七十五窟、第二百八十五窟、第四百二十八窟等。

隋唐時期是莫高窟發展的鼎盛期，現存的洞窟中有三百

多個開鑿於此階段。在這一階段，北朝時期的禪窟和中心塔柱窟的形式逐漸消失，同時出現大量的殿堂窟、佛壇窟、四壁三龕窟、大象窟等洞窟形式。就塑像來說，隋代多是一佛、二弟子、二菩薩或四菩薩，唐代多是一佛、二弟子、二菩薩和二天王，有的還再加上二力士。在造像藝術上，更加趨於中原化和真實化。如開鑿於唐中期的第七十九洞窟內的脅侍菩薩像，上身裸露，作半跪坐狀，頭上是唐代平民日常梳妝時常用的合攏的兩片螺圓髮髻，臉龐、肢體的肌肉圓潤，膚色白淨，表情溫和，如果不考慮塑像眉宇中間的那顆紅痣，完全就是當時日常生活中的唐代人的樣子。

再如同樣開鑿於唐中期的第一百五十九窟內的二脅侍菩薩。一位赤裸著上身，僅有一串斜挎的瓔珞，右手高高抬起，左手下垂，整個身體似乎以動態呈現 —— 胯部向右扭起，上身略向左傾，而頭部再次微向右傾。另外一位則是全身著衣，衣服的色彩豔麗絢爛，衣褶線條流利，層次非常清晰，清晰勾勒出塑像的軀體結構。仔細觀看，這兩尊菩薩猶如活的一般。

這一時期的壁畫題材與前期相比也更加豐富，所繪製的場面宏偉闊大，用色瑰麗絢爛，展現出了大唐時期的大氣與豪博，映射出唐代社會的審美特徵。

時至五代和宋朝，莫高窟的發展走向了衰微，現存此階

段的洞窟有一百多個，其建築多是對往代洞窟的改建和重繪。這一階段的洞窟主要是佛壇窟和殿堂窟，樣式明顯少於隋唐時期。五代時期改建或重繪的洞窟，還能承續唐代的風格，而愈往後發展，就愈加程序化。此期的典型洞窟是第六十一窟和第九十八窟。其中第六十一窟內，保存了莫高窟最大的壁畫 ——〈五臺山圖〉，此壁畫高 5 公尺，長 13.5 公尺，把山西五臺山周邊的山川形勝、城池寺院、亭臺樓閣等一一逼真繪製出來。從造像審美上看，此階段起，開始呈現以瘦為美的風格。

到了西夏和元代時期，雖然莫高窟的修建沒有繼續擴大，而是大量改造和修繕前朝洞窟，並少量新建。不過由於受到少數民族風俗與審美的影響，一些西夏中期改造或重繪的洞窟，開始出現了回鶻王的形象，並表現了一些有關回鶻人的故事。而西夏晚期重繪的洞窟，在壁畫中則出現了西藏密宗的內容。現存的元代洞窟有八個，都是新開鑿的。在這些洞窟中，有了方形窟內設置圓形佛壇的樣式，並且洞窟的壁畫和塑像基本上都和西藏密宗有關。莫高窟內現存西夏和元代時期洞窟八十五個，比較典型的有第三窟、第六十一窟和第四百六十五窟等。

莫高窟是為宣揚佛教而修，其內當然供奉佛像。這些佛像主要有兩種形式：一種是塑像，一種是壁畫。

　　莫高窟的壁畫，一般描繪的不是單一的佛像，而是動態的佛教故事。這些壁畫，有的反映宗教故事，也有的反映當時一些生產勞動場面與社會生活場景，為研究 4 世紀到 14 世紀的中國古代社會提供了寶貴的資料。莫高窟的壁畫也具有很高的藝術價值，其中以盛唐時期的壁畫水準最高。因此，很多學者都將敦煌壁畫稱作是「牆壁上的圖書館」，而莫高窟也堪稱中國佛教文化與繪畫、雕塑藝術的博物館。

　　洞窟內一幅幅豐富多彩的壁畫，講述著一個個生動有趣的故事，如第二百五十七窟中，有一幅壁畫講述的是「九色鹿本生」的故事。這是一個取自佛經的故事，壁畫共由八個情節的畫面組成。

　　這幅壁畫中的「九色鹿本生」的故事是這樣的：

　　在古印度恆河邊生活著一隻美麗的鹿，她的皮毛能變換出九種顏色，鹿角潔白如雪。一天，九色鹿在河邊散步，突然聽到一陣呼救聲。九色鹿循聲而去，發現有一個落水者正在波濤中掙扎，馬上就要被河水淹沒了。九色鹿毫不猶豫地跳入水中，奮力將溺水人救上了岸。溺水人名叫調達，他跪在九色鹿面前千恩萬謝，感激不盡，表示願做奴僕，侍奉九色鹿。九色鹿說：「我這裡水草豐盛，不用人侍奉；若要報恩，就請你不要把我的行蹤告訴別人。」調達對天發誓說：「我要是違背誓言，定會遭報應。」

　　一天夜裡，這個國家的王后做了一個夢，夢見一隻美麗無比的九色鹿。第二天清晨，王后對國王說：「我昨晚夢見了一隻漂亮的鹿，其毛有九種顏色，其角白如雪。我想用鹿皮做座褥，取其角做拂柄。你趕快派人去捕捉此鹿，我若得不到九色鹿，便會死去。」於是，國王立即派人四處張貼告示，重金懸賞：「誰能找到九色鹿，或報告九色鹿的行蹤，將分給他一半國土，賞賜滿金碗的銀豆和滿銀碗的金豆。」

　　曾被九色鹿救起的落水者調達看到了這張告示，受到重賞的誘惑，於是就見利忘義，去王宮向國王告了密，並且帶著國王的人馬前去捉拿九色鹿。

　　當時九色鹿正在草叢中睡覺，它的好朋友烏鴉在樹枝上遠遠看見國王率軍而來，趕快叫醒九色鹿。九色鹿猛然驚醒，站起來一看，自己已被國王的軍隊團團包圍，無路可逃了。

　　九色鹿從容地走到國王面前說：「我已成為你的獵物，但請你告訴我，是誰帶你們來這裡的。」國王指了指身旁的調達，九色鹿明白了。牠向國王說道：「賢明的君主啊，我曾對你的國人有恩，為何你卻要殺我？」接著，九色鹿向國王講述了救調達的經過。國王聽了九色鹿的訴說，十分慚愧。他斥責了調達忘恩負義的卑鄙行為，並下令全國，從今往後，任何人不准傷害九色鹿。

　　從此，九色鹿自由自在地生活在這個國家。調達自從告密後就渾身長滿了毒瘡，並散發出惡臭氣，遭人厭惡。那個貪心的王后，聽到國王捉到九色鹿又放走的消息後，非常生氣，不久就死了。

　　這個故事告訴人們，不要忘恩負義，也不要貪心過重，否則，都會遭到報應，同時，也讚美了九色鹿不顧生命危險救人而不圖回報的無私精神。對於外表與內心一樣聖潔的九色鹿，有人用詩句讚美牠說：「鹿王本生敦煌壁，靈獸見容異域天。身毛九色映祥瑞，修凡五彩照人間。」

　　在莫高窟的壁畫中，最具代表性的形象，當屬飛天。飛天本是佛教中的乾闥婆和緊那羅合二為一幻化而成的。相傳，乾闥婆在佛國主管散髮香氣，為佛獻花、供寶，可以棲身於花叢、飛翔於天宮。緊那羅在佛國主管奏樂、歌舞，但不能飛翔於天宮。後來，乾闥婆和緊那羅合體為一，非男非女，於是就變為了傳說中的飛天。

　　壁畫中的飛天，在無限的宇宙中隨意飛翔，有的手捧蓮蕾，向雲霄飛去，似為天宮送物；有的從空中俯衝飄下，宛若劃過天際的仙鶴，似為取物而來；有的是隻身飛翔，悠然愜意；有的是多個共舞，似在閒嬉。觀賞窟內的處處飛天，無不給人以空靈、超俗、脫凡之感。飛天，幾乎成了莫高窟的另一個名字。

　　莫高窟的洞窟中，有一個具有非常特殊的意義，它就是藏經洞。藏經洞是一個用來儲藏佛家經典的洞窟，曾被封存了近千年。自元代之後，藏經洞與莫高窟一起慢慢地被人們遺忘了，但當它再次進入人們的視野，卻一下子震驚了整個世界。

　　清朝末年，在莫高窟這個佛教聖地，當家的卻是一位姓王的道士。據說，1900 年的一天，王道士在整理石窟時，無意中打開了一個密室的門，發現密室內藏著大量的經卷。這些經卷上的內容，他都不認識。他沒敢動這些東西，而是拿了幾卷，向當地政府報告他的發現。

　　那時的清政府已是岌岌可危，自保尚且不暇。因而，王道士的報告並沒有引起當時政府的重視。雖然王道士不斷地向上級政府報告，卻始終沒有結果。後來，甘肅一個叫葉昌熾的官員聽說了這件事，他認識到這些東西的無上價值，於是就想把這些東西運往北京保存。但是由於經費的原因，他沒有能夠如願。

　　這時，一些外國人聽說了這個消息，於是紛紛來到莫高窟，想拿走一些東西。也許是因為太絕望，也許是因為太貧窮，王道士不斷以低廉的價格把一些東西賣給了外國人，其中包括英國的斯坦因，法國的伯希和，日本的吉川小一郎、橘瑞超和俄羅斯的奧爾登堡等人。

　　這些東西一到國外，就引起了學者的廣泛關注與深入研究。直到研究成果影響到中國後，人們才真正發現這些東西的重大價值。於是，中國人也開始對存於國內為數不多的經卷進行研究，慢慢地，對於這些經卷的研究，形成了一門獨立的學問 —— 敦煌學。經過中國人知恥而後勇的努力探索，現在的中國敦煌研究，已經走到了世界前列，世界已公認敦煌學在中國。

　　1987 年，莫高窟被聯合國教科文組織列入世界文化遺產保護項目。1991 年，它被授予「世界文化遺產」證書。

　　如果去莫高窟遊覽，我們不僅要認真端詳歷經一千多年的生動塑像和多彩壁畫，還要看看那個被王道士發現的已經空空如也的藏經洞，用心靈去感受那經卷易主的無奈。來到莫高窟，相信你不僅會為佛教的博大精深感嘆，為中國藝術的精湛傾倒，還會很想為中國遺蹟文化的保護貢獻點什麼。因為，在此，我們的心靈被淨化了。

第三節　水勢山形朝大佛，南北東西引客遊 —— 樂山大佛

　　岷江、青衣江、大渡河三江合流處，為四川省樂山市東的凌雲山。依岷江南岸、凌雲山西壁的棲霞峰臨江峭壁，鑿刻出了與天工爭勝的樂山大佛。它是世界上最大的石刻彌勒佛坐像，由於鑿刻於凌雲山，故又名凌雲大佛。

　　樂山大佛頭與山齊，足踏大江，雙手撫膝，大佛體態勻稱，神勢肅穆。大佛通高 71 公尺，頭高 14.7 公尺，頭寬 10 公尺，髮髻 1021 個，眉長 5.6 公尺，耳長 7 公尺，鼻長 5.6 公尺，嘴巴和眼長 3.3 公尺，頸高 3 公尺，肩寬 24 公尺，手中指長 8.3 公尺，從膝蓋到腳背 28 公尺，腳背寬 8.5 公尺。其腳面可圍坐百人以上，耳朵中間可並立二人，頭頂上可置一圓桌。

　　據唐代韋皋《嘉州凌雲大佛像記》和明代彭汝實《重修凌雲寺記》等文獻資料記載，開鑿樂山大佛的發起人是海通和尚。海通和尚本是貴州人，出家後結茅於凌雲山上，並在凌雲山上建造了凌雲寺。由於岷江、青衣江、大渡河三江匯聚凌雲山麓，水勢相當兇猛，船隻到此常常被掀翻沉至水底，以至舟毀人亡，特別是到夏汛期，這種悲劇更是不斷上演。

　　海通和尚將這一切看在眼裡，一心想杜絕此類悲劇的上演。他認為這種惡劣的水勢，一定是有妖魔鬼怪在作祟，就立志借凌雲山的棲霞峰峭壁，開鑿彌勒佛大象，欲借彌勒佛的無邊法力，鎮壓妖魔鬼怪，減殺水勢。當然，這是一項巨大的工程，要耗費大量金錢。於是，海通和尚到大江南北、江淮兩湖一帶募化錢財，為開鑿佛像做準備。

　　募化到一定錢款後，海通和尚就找工人開始開鑿佛像。這時，當地的地方官不僅沒有積極給予財物支持，反而前來索要賄賂。對此，海通和尚嚴詞拒絕，並說：「自目可剜，佛財難得。」地方官不僅沒有悔改、羞愧之心，反而說只要海通和尚真能把眼睛剜去，就不要賄賂了。只見海通從容地「自抉其目，捧盤致之」。這樣，地方官才作罷。百姓們知道此事後，奔走相告，大家深感海通和尚的誠心，紛紛前來相助。這事發生在唐玄宗開元初年（713 年）。

　　當大佛像開鑿到肩部時，海通和尚圓寂了。隨後，這一巨大的工程因缺少了主管人和資金，而被迫停止。十年後，胸懷天下疾苦的好官劍南西川節度使章仇兼瓊，為了能夠繼續完成海通和尚的事業，實現樂山這段水流的化險為安，就把自己大半俸金捐出，用以繼續這項工程。有了資金，海通的徒弟就領著工匠繼續修造大佛。這時，朝廷也下令賜麻鹽稅款資助這項工程。

　　但好景不長，當樂山大佛修到膝蓋時，章仇兼瓊遷任戶部尚書離開了此地，工程再次停了下來。四十年後，韋皋出任劍南西川節度使，他了解了事情的來龍去脈後，也把自己的俸金捐贈出來，繼續修建樂山大佛。這樣，在唐德宗貞元十九年（803 年），歷經九十年，樂山大佛終於修建完成。韋皋撰寫了《嘉州凌雲寺大彌勒石像記》，詳細載錄了開鑿大佛的始末，今天，刻有這篇文章的石碑，仍留存在大佛右側的臨江峭壁上。

　　完工後的大佛坐東向西，其雄偉之勢，被人盛讚為「山是一尊佛，佛是一座山」。

　　巨大的佛像日夜鎮守著三江之水，化解險灘急流。不過，如果雨水得不到排洩，淤積於佛像之上，就會加速佛像風化、剝蝕的速度。那麼，這一高大的建築，是如何進行排水的呢？

　　原來，在建造之初，樂山大佛的兩耳和頭顱後面，就設計了隱而不見的排水系統，對保護大佛造成了重要的作用。大佛頭部共十八層螺髻，第四層、九層、十八層各有一條橫向排水溝，分別用錘灰壘砌修飾而成，遠望不顯。衣領和衣紋皺褶處也有排水溝。正胸有向左側分解表水溝，與右臂後側水溝相連。兩耳背後靠山崖處，有長 9.15 公尺、寬 1.26 公尺、高 3.38 公尺的左右相通洞穴。胸部背側兩端各有一洞，

右洞深 16.5 公尺、寬 0.95 公尺、高 1.35 公尺，左洞深 8.1 公尺、寬 0.95 公尺、高 1.1 公尺，兩洞不通。就是這些巧妙而隱蔽的水溝和洞穴，組成了科學的排水、隔濕和通風系統，對保護大佛避免侵蝕性風化，造成了重要的作用。

對於利用大佛像螺髻進行排水的巧妙設計，古人有詩篇記曰：「一泉泓然，正在髻下。」王士禎也在《晚渡平羌江步上凌雲絕頂》中說：「泉從古佛髻中流。」大佛頭上共有一千零二十一個螺髻，遠望髮髻與頭部渾然一體，實際上是以石塊逐個嵌就。單塊螺髻根部裸露處，有明顯的拼嵌裂隙，無砂漿黏接。這也正好成為利用螺髻進行排水的優勢。

與螺髻相似，大佛的耳朵和鼻子也不是由峭壁直接鑿刻的。

大佛的右耳耳垂根部內側，有一深約二十五公分的窟窿。在對大佛像進行維修時，工人從這個窟窿中掏出許多破碎物，細看卻是腐朽了的木泥。原來，大佛高達七公尺的佛耳，不是原岩鑿就，而是用木柱作結構，再抹以錘灰裝飾而成，遠觀卻猶如真的岩石鑿就。關於這個木製的大佛耳，南宋范成大就曾有過記述，他在《吳船錄》中說：「極天下佛像之大，兩耳猶以木為之。」

同樣，在維修時，工人們還發現在大佛鼻孔下端有窟

窿，窟窿內有三截木頭，成品字形排列，這說明大佛的鼻子也是用木頭在下面作襯，外面用錘灰塗飾，觀之就好像如石鑿出。不過，是唐代大佛鑿刻時就如此製作，還是後來維修時用木頭粉飾錘灰為之，我們還不得而知。

佛座南北的兩壁上，還有唐代石刻造像九十餘龕，其中「淨土變」龕、「三佛」龕堪稱佳品，極具藝術價值。唐代著名詩人司空曙曾有詩云：「百丈金身開翠壁，萬龕燈焰隔煙蘿。」可見當時在鑿刻完大佛像後，還在大佛兩側鑿刻了許多佛像與佛龕。現在，大佛兩側還有兩尊身高十餘公尺、手持戈戟、身著戰袍的護法武士石刻。

在大佛與眾佛龕完工後，工匠們曾在大佛像上建造了十三層樓閣，來為佛像遮擋風雨，當時稱為「大佛閣」，宋人稱其為「天寧閣」。明末戰亂時，被張獻忠的起義軍焚燬。現在從大佛兩側山崖上存留的幾十處孔穴可以推斷，當時的樓閣是比較雄偉、壯觀的。

大佛右側的石壁上有著名的「九曲棧道」，它是與佛像同時開鑿的。棧道最寬處 1.45 公尺，最窄處 0.6 公尺，共二百一十七級石階，沿崖迂迴而下，可到大佛腳底，在那裡人們可以近距離地仔細欣賞大佛。繞過佛腳是位於大佛左側的「凌雲棧道」，順著棧道而上，可到達山頂的凌雲寺。

　　凌雲寺位於大佛頭部的右後方，俗稱「大佛寺」，據說是唐代海通和尚所建。不過唐朝建造的凌雲寺，早已毀於元順帝戰亂。明代，此寺進行了兩次較大修復，明末戰亂又被毀。現存凌雲寺，重修建於清康熙六年（1667 年）。現在寺門的正中匾，上集蘇東坡書「凌雲禪院」四字，門聯為「大江東去，佛法西來」。此聯令人感到佛法的莊嚴，又說明凌雲寺所在，還用藏首的形式將「大佛」隱於其中。寺內有天王殿、大雄殿、藏經樓、海師堂等景觀。

　　凌雲寺後的靈寶峰巔有靈寶塔，此塔又名「凌雲塔」。靈寶塔建於唐代，呈密檐式四方錐體，塔體由磚砌成。坐東向西，共十三層、三十八公尺。塔體中空，每層都開有窗眼。內有石階沿塔軸盤旋至塔頂，塔頂為四角攢尖式。

　　樂山大佛所在的凌雲山背後，有烏尤山、凌雲山、龜城山等，而這三座山恰好組成了一個巨型的睡佛，形成了「佛中有佛」的神奇自然景觀。佛頭由整個烏尤山構成，山上的花草樹木、奇石怪崖、亭閣寺廟，呈現為巨佛的髮髻、睫毛、鼻梁、雙唇和下顎。佛身由凌雲山構成，山上九峰相連，猶如巨佛寬廣的胸膛、渾圓的腰和健美的腿。腳板翹起的佛足由龜城山的一部分呈現。睡佛的四肢齊全，體態勻稱，仰面朝天，安詳地漂臥在青衣江山脊線上，整個體態十分逼真、自然、和諧。這個天設睡佛，與人工坐佛，形成了閒適與莊嚴

共生的兩極：不知是暗喻人定勝天，還是佛法無邊？

　　1996 年 12 月，樂山大佛與峨眉山一起，被聯合國教科文組織列入《世界遺產名錄》，並得到了這樣的讚譽：「樂山大佛堪與世界其他石刻如斯芬克司和尼羅河的帝王谷媲美」。今天的樂山大佛風景區，包括樂山大佛、靈寶塔、凌雲禪院、海師洞、九曲 —— 凌雲棧道、巨型睡佛、東方佛都、佛國天堂、麻浩崖墓、烏尤山、東坡樓等景觀。

　　「百櫓輕搖帆影，三江匯注嘉州。水勢山形朝大佛，南北東西引客遊。」對樂山大佛，歷代詩人總是不禁地讚美和描繪。宋代文人邵博也曾讚美說：「天下山水之冠在蜀，蜀之勝日嘉州，嘉州之勝日凌雲。」凌雲山匯聚了全國山水之勝，冠絕天下。那麼，位於凌雲山西壁的樂山大佛，就堪稱這個寶冠上那顆最為耀眼的明珠了。

第四節　世間此帖豈有二，孔廟破石人猶憐 —— 孔廟

　　孔廟位於山東省曲阜市區內，與孔府、孔林合稱為「三孔」，1994 年 12 月被列入《世界遺產名錄》。

　　據說此廟建於孔子死後的第二年，即西元前 478 年。魯

哀公在孔子去世後，將孔子的故宅改建為廟，用來祭祀孔子。此後歷代帝王不斷追封孔子，擴建廟宇。清代雍正帝更是下令大修、擴建孔廟。今天的孔廟格局，就是清代雍正帝時修建而成的。

孔廟南北長六百三十公尺，東西寬一百四十公尺，占地面積約九萬五千平方公尺，有殿、堂、壇、閣、門坊、亭等各種建築一百餘座、四百六十餘間。其內南北走向，分左、中、右三路，共有九進院落。

孔廟前三進院落是引導性庭院，只有一些不太大的門坊，每院內遍植成行的松柏，樹冠遮日，濃蔭蔽院，使得院內倍顯清幽。在高聳挺拔的松柏間有南北走向的甬道，甬道上門坊不斷，門坊上的額匾呈現了孔子受到的各種禮讚。第四進與其後的庭院，建築物增多，且多是黃瓦紅牆，雄偉肅穆。

孔廟內的建築群，無一不寓示著儒學思想在各代的主導地位，無一不顯示出孔子在歷代受到的禮遇。

在孔廟的前方，是一條兩旁植有松柏的漫長的神道。神道的北端立著高高的城牆，分為中、東、西三洞。在中洞上方，鐫有蒼勁有力的四個大字 ——「萬仞宮牆」。萬仞宮牆原名「仰聖門」，也就是明代曲阜城的正南門。《論語》中有這樣

的記敘：「叔孫武叔語大夫於朝曰：『子貢賢於仲尼。』子服
景伯以告子貢。子貢曰：『譬之宮牆，賜之牆也及肩，窺見
室家之好；夫子之牆數仞，不得其門而入，不見宗廟之美。
百官之富，得其門者或寡矣。夫子之云，不亦宜乎！』」

　　子貢在此用數仞來形容孔子的學問之大、之富、之廣。
明代學者胡纘宗認為數仞宮牆仍不足以形容孔子的學問，於
是將「仰聖門」改寫為「萬仞宮牆」，以表達對孔子的尊敬和
讚揚。清乾隆皇帝到曲阜祭孔時，為了表達他對孔子的敬仰
之情，他親筆書寫了「萬仞宮牆」四字，並把胡纘宗書寫的
石額換下。我們今天看到的石額，就是乾隆皇帝的御筆。站
在這宮牆之下，真是讓人有一種「仰之彌高，鑽之彌深」的
感覺。

　　萬仞宮牆後是金聲玉振坊，此坊建於明代嘉靖十七年
（1538 年）。坊額「金聲玉振」四字為胡纘宗手跡，坊上有平面
淺雕雲龍戲珠，柱頂各設圓雕「闢邪」一隻，俗稱「朝天吼」。
「金聲玉振」，源自《孟子·萬章下》：「孔子之謂集大成。集
大成也者，金聲而玉振之也。金聲也者，始條理也，玉振之
也者，終條理也。」、「金聲」原意是指中國古代樂器「鐘」發
出的聲音，「玉振」原意是指中國古代樂器「磬」發出的聲音。
古代奏樂，以擊「鐘」為始，擊「磬」為終，故「金聲玉振」
原意為一首完整的樂曲。孟子所言，是將孔子思想比喻為一

首完美無缺的樂曲。此坊借孟子之意，寓含孔子思想完美無缺，達到了最高峰的意思。

走過金聲玉振坊後的泮水橋，依次會看到櫺星門、太和元氣坊、至聖廟坊、德侔天地坊、道冠古今坊、聖時門、快睹門、仰高門、弘道門、大中門、同文門、大成門等一系列門坊，每個門坊的題額，都從不同角度讚頌了孔子及其思想。

穿過同文門，就會看到庭院北端有一座高閣拔地而起，它就是以藏書豐富、建築獨特而馳名中外的孔廟藏書樓 —— 奎文閣。在它的頂簷，有一塊群龍環繞的木匾，群龍中間書有「奎文閣」三字。此閣始建於宋天禧二年（1018 年），當時名為「藏書樓」。金章宗在明昌二年（1191 年）對它重修，並更名為「奎文閣」。「奎」本是天上的星宿名，外形「屈曲相鉤，似文字之畫」，故《孝經》稱：「奎主文章」，後奎星演化為文官首。為讚頌孔子學問之富，遂將孔廟藏書樓命名為「奎文閣」。

奎文閣高 23.35 公尺，闊 30.1 公尺，深 17.62 公尺。歇山黃琉璃瓦頂，三重飛簷，四層斗拱。上層斗拱承上簷，中上層斗拱承腰簷，中下層斗拱承平坐，下層斗拱承下簷。內部兩層，中夾有暗層，層疊式構架。底層木柱上施斗拱，斗拱上再立上層木柱。外用二十四根八稜石柱，內用二十二根木柱。柱頭用額枋相連，上有五踩品字斗拱，斗拱承梁，梁

上再安天花。外柱直達腰檐斗拱，內柱承梁。這種建築結構非常穩固，據說康熙年間的大地震，使曲阜「人間房屋傾者九，存者一」，而奎文閣卻毫髮無損。

奎文閣的構建樣式，是中國建築中有名的「鉤心鬥角」式。「心」就是建築物的中心，「角」是指房屋的檐角。飛檐角伸出來的雕有龍頭的最長的木頭，一端鉤住屋心，另一端與橫過來的木頭相扣，構成鬥角之勢。奎文閣與後院的建築飛檐交錯，形成了「鉤心鬥角」之局，巧妙地化解了建築物緊密、擁擠的問題。唐朝大詩人杜牧在描述阿房宮時，曾特別提到這種建築布局，其云：「各抱地勢，鉤心鬥角。」孔廟內的這一建築亮點，成為孔廟中最值得欣賞、品味的景觀之一。

在奎文閣前廊有兩塊石碑：東刻《奎文閣賦》，係明代著名詩人李東陽撰文，著名書法家喬宗書寫；西刻《奎文閣重置書籍記》，記載著明代正德年間皇帝命禮部重修賜書庋藏的情況。閣前有兩座御碑亭，亭內外共有四幢明代御碑。每幢高六公尺多，寬兩公尺多，碑下的龜趺高一公尺多。碑額精雕盤龍，栩栩如生。露天的「重修孔子廟碑」，為明憲宗朱見深成化四年（1468 年）所立，習稱「成化碑」。碑文書體端莊，結構嚴謹，以精湛的書法著稱於世。

此院東西各有一所獨立的院落，原為「齋宿」，祭祀孔子前祭祀人員在此戒齋沐浴。清道光年間，孔子七十一代孫孔

昭薰將孔廟內宋、金、元、明、清五代文人謁廟碑一百三十餘塊集中鑲嵌在院牆上，並改稱「碑院」。

　　奎文閣後的院落內為十三碑亭，東西排列，南行八座，北行五座，是專為保存封建皇帝御製石碑而建，習稱「御碑亭」，共有唐、宋、金、元、明、清、民國所刻的五十五幢石碑。碑文用漢文、蒙古文、滿文等文字刻寫，內容多是對皇帝親祭孔廟、派官致祭和整修廟宇的記錄。其中最早的是兩幢唐碑，一是唐高宗總章元年（668年）立的「大唐贈泰師魯先聖孔宣尼碑」，一是唐玄宗開元七年（719年）立的「魯孔夫子廟碑」。其中最大的一幢是立於清康熙二十五年（1686年）的石碑，此碑身約重三十五噸，碑下的贔屭、水盤，約重三十噸。而且，此院的東南、西南各有一簇碑林，是書法藝術、碑刻藝術、歷史事件研究的重要石刻資料。

　　大成門內、大成殿月臺之前，就是傳說中孔子聚徒講學的杏壇。有關孔子在杏壇進行教學的記載，最早見於《莊子‧漁父篇》，其云：「孔子遊乎緇帷之林，休坐乎杏壇之上，弟子讀書，孔子絃歌鼓琴」。大意是說，孔子在樹木茂盛之地，坐於杏壇上，他的學生都在看書，而孔子則一邊彈琴一邊唱歌。不過，莊子所說的杏壇具體在什麼地方，一直都沒有確切的記載。

　　到宋代天禧二年（1018年），孔子的四十五代孫孔道輔

監修孔廟，就把原來的大成殿後移，並擴大建築規模。在大成殿的舊址上，「除地為壇，環植以杏，名曰杏壇」。不過，當時並沒有在其上建造亭閣。到了金代，人們認為壇上沒有建築不好，於是就在杏壇上建造了一座歇山頂的小亭，由當時著名文人党懷英篆書「杏壇」匾額。到明代隆慶三年（1570年）對此亭重修後，它的規模至今未變。

杏壇呈長方形，十字結脊，四面歇山，二重飛檐。黃瓦朱欄，雕梁畫棟，彩繪精美華麗。前置有精雕石刻香爐，環壇側有杏樹。其內正面為乾隆皇帝手書的《杏壇贊》，其曰：「憶昔緇帷，詩書授受。與有榮焉，軼桃鑠柳。博厚高明，亦曰悠久。萬世受治，杏林何有。」乾隆帝不僅高度肯定了孔子對於後世的影響，還為杏壇周圍的杏樹寫了讚美詩，其云：「重來又值燦開時，幾樹東風簇絳枝。豈是人間凡卉比，文明終古共春熙。」

大成殿是孔廟的主殿，位於杏壇之北，建於雙層石欄的臺基上。臺基高 2 公尺餘，東西寬約 45 公尺，南北深約 35 公尺，鐫花須彌石座。底層蓮花欄柱下石雕螭首，南面正中有兩塊浮雕龍陛。前連露臺，那裡是祭祀時歌舞行禮的場所。

大成殿雙重飛檐的額匾上，有雍正皇帝御書的「大成殿」三個金色大字。殿高 24.8 公尺，闊 45.78 公尺，深 24.89 公尺。大成殿有 28 根雕龍石柱。每根柱高 5.98 公尺，直徑 0.81

公尺，底端有重層寶裝覆蓮柱基。這些石柱原為明弘治十三年（1500 年）敕調徽州工匠雕刻而成，但在清雍正年間毀於大火，現在我們所看到的二十八根石柱，為清代所重刻。大成殿兩山和後檐共有十八根石柱，每根八稜，每面淺刻九條龍；前檐有十根深雕石柱，每根雕刻兩盤繞飛騰之龍，中鑴寶珠，四周有雲焰。二十八根石柱共一千三百一十六條栩栩如生之龍，顯得甚是壯觀。

不過，這些龍柱不能輕易被「真龍天子」看到，每次皇帝來孔廟祭祀時，都會用紅綾把龍柱包裹起來。

大成殿內正中供奉孔子塑像神龕，神龕前兩柱各鑴刻有一條降龍。孔子塑像頭戴十二旒冠冕，身穿十二章王服，手捧鎮圭，塑像坐高 3.35 公尺。孔子像前兩側為四配塑像神龕，東面是復聖顏回和述聖孔伋，西面是宗聖曾參和亞聖孟軻。四配外是十二哲神龕，東面的是閔損、冉雍、端木賜、仲由、卜商、有若，西面的是冉耕、宰予、冉求、言偃、顓孫師、朱熹。十二哲中只有朱熹不是孔子的學生。

大成殿東西兩側的房子叫「兩廡」，是用來供奉配享孔廟的先賢先儒的地方。從漢代至民國，配享孔廟的一百五十六位賢達都供奉於此。這些配享的人，金代之前為畫像，金代開始改為塑像，明成化年間則一律改為木製牌位，外置神龕。現在兩廡中陳列著眾多歷代石刻，最為珍貴的是二十二

塊「漢魏北朝石刻」。

　　在兩廡北部，陳列有五百八十四塊的「玉虹樓石刻」。清乾隆年間，孔子後裔孔繼涑收集了歷代著名書法家的手跡，並對這些手跡臨摹上石，精細鐫刻。由於孔繼涑的書房名為「玉虹樓」，所以這些石刻就被稱為「玉虹樓石刻」，於 1951 年從玉虹樓移至此處。把這些石刻拓印成冊，裝裱成一百零一冊，稱為「玉虹樓法帖」或「百一帖」。這些書帖一直備受書法愛好者青睞，宋代薛紹彭在《祕閣觀書》中記述了孔廟收藏的歷代石碑：「世間此帖豈有二，孔廟破石人猶憐。」

　　大成殿後的重檐大殿，是孔廟的「寢殿」，此殿是供奉孔子夫人亓官氏的專祠。亓官氏是孔子的夫人，十九歲與孔子結婚，比孔子早七年去世。亓官氏神龕內為木刻牌位，上書「至聖先師夫人神位」，神龕上雕刻有精美的游龍戲鳳圖案。

　　孔廟的第九進庭院內，有以保存記載孔子一生事跡的石刻連環畫〈聖蹟圖〉而得名的聖蹟殿。聖蹟殿是明萬曆二十年（1529 年）巡按御史何出光主持修建的。一百二十幅〈聖蹟圖〉石刻嵌在殿內壁上，每幅約寬三十八公分，長六十公分。所述聖蹟從顏母禱於尼山生孔子起，到孔子死後子弟廬墓為止，附有漢高祖劉邦、宋真宗趙恆以太牢祀孔子二幅。多是以孔子著名的活動和言論為主旨而繪刻成圖，是中國第一部有完整人物故事的連環畫。遍觀一百二十幅圖，可以悉知聖

人一生的事跡。

在孔廟東路的承聖門之內的五間正殿，是詩禮堂。這是根據孔子和他的兒子孔鯉的一段對話而建的。相傳，一天孔子在院庭裡看到孔鯉，就問孔鯉讀《詩經》了嗎？孔鯉說沒有。孔子對他訓斥了一番。過了幾天，又在院庭裡遇到孔鯉，就問他讀《禮記》了嗎？孔鯉又說沒有，於是又被訓斥了一番。

此事逐漸流傳開來，很多人認為這樣的「庭訓」非常有意義，能夠督促人們抓緊時間學習。這事傳到孔子第五十三代孫衍聖公孔治時，孔治「作堂私第，名以詩禮，示不忘過庭之教」，於是詩禮堂就這麼建立了。乾隆來祭拜孔子時，還為之題寫了「則古稱先」匾額和「紹緒仰斯文識大識小，趨庭傳至教學禮學詩」的楹聯。

在詩禮堂後、故井西側，有一段孑然獨立的紅色牆壁，牆壁上沒有門。千萬不要小看這一段牆壁，它曾經為中華文明的傳續做出了無與倫比的貢獻。據說秦始皇施行暴政要求天下焚書時，孔子的第九代孫孔鮒不想把祖上流傳下來的書籍燒掉，又不敢明著與秦始皇作對，於是就把家裡的《尚書》、《禮》、《論語》、《孝經》等重要的儒家經典書籍砌於牆壁之內，然後離家出走，到嵩山隱居，至死也沒回去。這些書就有幸躲過了一劫。

　　到漢景帝三年（西元前 154 年），漢景帝的兒子劉餘從淮南遷到曲阜，封為魯王，史稱魯恭王。魯恭王喜歡擴建宮殿，在拆除孔子故宅到孔鮒砌書的這段時，忽然聽到天上似有金石絲竹之聲，有六律五音之美，扒開牆壁就發現了這些經書。由於這些經書都是用先秦時期的蝌蚪文書寫的，人們就稱之為「孔壁古文」。正是因為這些經書的發現，才使得漢代很多疑而未決的儒學經典問題得到了解決，使得中華文明得到了有效的延續。後人為了紀念孔鮒的這一盛舉，就在這段牆壁的故址上修建了「魯壁」。

　　孔廟內有兩種鳥：白鷺和烏鴉。孔廟的白鷺只在孔廟內嬉戲、棲息、滑翔，絕不會飛出孔廟的圍牆，而且只集中在北至奎文閣、南至玉帶河的一些古樹上，從不會飛至大成殿上空。孔廟的烏鴉據說是孔子的三千精兵，當年孔子周遊列國至宋國時，受到大司馬的迫害，就要喪命之際，神兵烏鴉從天而降，擊退了大司馬的人馬。從此，這群烏鴉就時刻不離孔子左右，孔子逝世後，它們就居住在了孔廟，非常有規律地晨出而暮入。這兩種奇異的現象，至今無法解釋，也成了孔廟的奇觀。

　　「千年禮樂歸東魯，萬古衣冠拜素王。」隨著儒學思想受到世界各國的重視，用以祭祀孔子的孔廟，也開始遍布世界各地，越南、朝鮮、韓國、日本、馬來西亞、新加坡、印度

尼西亞、美國、英國等國家和地區，相繼修建了兩千多座孔子廟。人們在各地的孔廟祭祀孔子，同時也體味著儒學的深邃。

第四章　工事遺蹟

　　在古代，國家的運轉離不了三樣工事：軍事、治水和傳遞訊息。

　　軍事工事的強大與否，直接關乎國家的存亡。在沒有飛機和洲際導彈的古代，一堵牆就是偉大的工事，也是強大軍事實力的體現。於是，長城出現了。到今天，人類已能對千里之外的事物進行準確的攻擊。而長城卻成了後人的追憶。

　　再說治水，當年精心築起的那些堰，現在依然把水團團圍住，令其馴服。如歷經千餘年的都江堰，已成為遺蹟中的傳奇。同樣不曾改變的，還有洨水上的趙州橋。

　　古代的訊息傳遞，是靠相連的驛站。三里一站，五里一站，就這樣一站站地把訊息收集、傳遞。雖然它曾是那麼的有效，但它實在太慢了，慢得跟不上時代的腳步。於是它落伍了，變成了一處處遺址。

　　那些現在有用的、無用的工事遺蹟，依然靜靜地存在著，訴說著它們承載的歷史。

第一節　秦統九州雄百國，城修萬里壯千秋 —— 長城

　　說起長城，翻閱有關的歷史記載就會發現：長城的誕生，是伴隨著太多的無奈、硝煙、淒涼和家破人亡的。

　　戰國時期，各國之間戰亂不斷，你奪我搶，國無寧日，家無安時。地處北方的國家，不僅面臨中原諸國的虎眈，還要應對善於奔襲掠奪的強胡的侵擾。這些胡人不斷搶劫鄰近諸國，使這些國家戰無可戰，守不勝擾。

　　也許是受院牆的啟發，這些國家紛紛準備在自己與強胡之間建起一座圍牆，以保衛自己的財產不受掠奪。長城，就在這樣的形勢下，開始出現了。

　　最早修築城牆的是秦、趙、燕。這是因為，秦國之北，有義渠，再北為匈奴；趙國西北有林胡、樓煩，北有襜襤、匈奴；燕國北界東胡。這些北方少數民族政權，除義渠從事農業外，其他均以遊牧、狩獵為生，軍事素質高，作戰能力強，往往是搶劫後就跑，而秦、趙、燕三國皆沒有能力追趕，即使追趕上也往往會被擊敗。

　　秦、趙、燕在與強胡接壤處，修建了碉堡、烽火臺，一旦發現有胡人出現，就立即報警，嚴加防禦。再後來，他們

就把這些碉堡、烽火臺連接起來，形成一堵擁有戰事功能的牆，也就是最初的長城。

修築長城的工事非常浩大，而且，這些工事均建在崇山峻嶺之上，地勢險要，人煙稀少，環境惡劣。軍事學明確指出，選擇在地勢險要處修建工事，意在借地勢以達到易守難攻的目的，更好地發揮工事防禦外敵的作用。可是，這卻給修築過程帶來了巨大的困難。

秦朝在修築長城時，幾乎把全國除士兵以外的壯丁都抓去了，使得秦朝的村村寨寨，多了很多守活寡的怨婦。她們其中有幸留下名字的，就是我們所熟知的孟姜女。

傳說，在孟姜女與丈夫的結婚典禮上，她的丈夫範杞梁就被官兵抓去充壯丁修長城了。孟姜女一心等著丈夫歸來，可等了十幾年依然杳無音信。於是，她獨自去邊關尋夫，行至長城，才知丈夫早已累死，丈夫的屍骨也被砌在了長城之中。日夜漫長的苦苦煎熬，風餐露宿的旅途辛酸，讓這位女子的積怨如洪水般狂洩，她號咷大哭，其行所至，長城紛紛倒塌，以讓孟姜女尋找丈夫的屍骸。

不過孟姜女的故事僅是一個傳說，她能哭倒長城，猶如《竇娥冤》中所述竇娥能令上天六月飛雪一樣，也許僅僅是為了表明人們的抗爭與美好祈願。民間流傳的孟姜女的故事，

很鮮明地表達了老百姓對修築長城的痛恨。這一點，從流傳下來的大量詩詞也能非常明顯地感受到，如建安七子之一的陳琳，其《飲馬長城窟行》就是典型代表，詩曰：

飲馬長城窟，水寒傷馬骨。
往謂長城吏，慎莫稽留太原卒。
官作自有程，舉築諧汝聲。
男兒寧當格鬥死，何能怫郁築長城。
長城何連連，連連三千里。
邊城多健少，內舍多寡婦。
作書與內舍，便嫁莫留住。
善侍新姑嫜，時時念我故夫子。
報書往邊地，君今出語一何鄙。
身在禍難中，何為稽留他家子。
生男慎莫舉，生女哺用脯。
君獨不見長城下，死人骸骨相撐拄。
結髮行事君，慊慊心意關。
明知邊地苦，賤妾何能久自全。

此作採用對話的形式，把修築長城給普通家庭帶來的傷害和痛苦進行了描寫。

當然，並不是每個人都如此認為，特別是統治者，如隋煬帝楊廣，他的《飲馬長城窟行》詩作，其云：

　　　　　蕭蕭秋風起，悠悠行萬里。
　　　　　萬里何所行？橫漠築長城。
　　　　　豈臺小子智，先聖之所營。
　　　　　樹茲萬世策，安此憶兆生。
　　　　　詎敢憚焦思，高枕於上京。
　　　　　北河秉武節，千里卷戎旌。
　　　　　山川互出沒，原野窮超忽。
　　　　　撣金止行陣，鳴鼓興士卒。
　　　　　千乘萬騎動，飲馬長城窟。
　　　　　秋昏塞外雲，霧暗關山月。
　　　　　緣巖驛馬上，乘空烽火發。
　　　　　借問長城候，單於入朝謁。
　　　　　濁氣靜天山，晨光照高闕。
　　　　　釋兵仍振旅，要荒事方舉。
　　　　　飲至告言旋，功歸清廟前。

　　由此詩可以明顯看出楊廣是非常贊成修築長城的，並且
認為這是「樹茲萬世策，安此憶兆生」的好政策。可能正是由
於統治者這種不同於百姓的視角，長城從春秋戰國，一直修
至明代。清代沒有再繼續修建，是由於清朝的統治者本身就
是從塞外入主中原的異族，它是不會自摒根基，與起家地斷
絕的。

　　無論歷代修築長城是多麼的艱辛，令多少男子拋屍野

外、喋血荒嶺，使多少新娘成了守寡的怨婦，可是現在，長城確實是中華民族的驕傲，也成為中國的代名詞之一。

如今的中華子孫，總是對長城讚譽有加，如羅哲文的《長城讚》：

「起春秋，歷秦漢，及遼金，至元明，上下兩千年。數不清將帥吏卒，黎庶百工，費盡移山心力，修築此偉大工程。堅強毅力、聰明智慧、血汗辛勤，為中華留下巍峨豐碑。

跨峻嶺，穿荒原，橫瀚海，經絕壁，縱橫十萬里。望不斷長龍烽堆，雄關隘口，猶如玉帶明珠，點綴成江山錦繡。起伏奔騰、飛舞盤旋、太空遙見，給世界增添壯麗奇觀。」

此聯中，沒有對建築長城的譴責，也沒有對秦始皇驅使百姓修築長城的怨恨。現在的長城，是中華的巍峨豐碑，是世界的壯麗奇觀。

長城東起遼寧虎山，西至甘肅嘉峪關，橫貫遼寧、河北、河南、山東、湖北、湖南、天津、北京、內蒙古、山西、陝西、寧夏、新疆、甘肅等十七個省、市、自治區，全長約 17703.6 華里。首尾相距如此之遠，且起伏不絕，世界上再沒有其他人工建築能與之媲美。

然而，春秋戰國至明代修築的長城，雖然連綿不斷，修繕有加，但多數已經被時間的刻刀削去突起之勢，僅留下不起眼的遺址。況且，今天的長城，其歷史使命已經轉換，不

再擔當保衛城牆內居民與財物的重任，它的遺存，更多的是為了讓人瞻仰，讓人回味那曾經的風雨，同時展示中國人民的聰慧、堅韌、勤勞。

當然，觀賞長城，不可能從虎山走至嘉峪關，把長城的所有遺址都看個遍。長城，已經被分割成了一段段的景觀。今天所遺存比較好的長城牆體，主要是明長城。還有些地方的長城段，擁有著特別的意義，總是吸引人們前往。

八達嶺長城是明長城最具代表性的一段，是居庸關的前哨，海拔高度一千零一十五米，地勢險要，歷來是兵家必爭之地，也是明代的軍事關隘和首都北京的重要屏障。登上這段長城，居高臨下，可盡覽崇山峻嶺的壯麗景色。許多外國的政要與知名人士來華，總要到此段攀登，以親睹長城的雄姿。

慕田峪長城位於北京懷柔區境內，西接居庸關，東連古北口。全長兩千兩百五十公尺的慕田峪長城有著獨特的構築風格，這裡敵樓密集，關隘險要，兩側均有堆口，自古為拱衛京師、皇陵的北方屏障，被稱為「危嶺雄關」。

司馬臺長城獨具「險、密、奇、巧、全」五大特點，位於北京市密雲區東北部的古北口鎮境內。東起望京樓，西至後川口，全長五千四百公尺，敵樓三十五座。整段長城構思精

巧，設計奇特，結構新穎，造型各異。著名長城專家羅哲文曾讚美說：「中國長城是世界之最，而司馬臺長城又堪稱中國長城之最。」它也是中國唯一保留明代原貌的古建築遺址。

箭扣長城在北京懷柔區西北八道河鄉境內。由於此地山勢非常富於變化，險峰斷崖之上的長城也顯得更加雄奇險要，隨山勢而成的長城蜿蜒呈 W 狀，形如滿弓扣箭，故有「箭扣長城」之名。箭扣長城是北京境內最險峻、雄奇的一段長城，自然風化嚴重，沒有任何人工修飾，自牛犄角邊、南大樓、鬼門關、箭扣梁、東西縮脖樓、東西油簍頂、將軍守關、天梯、鷹飛倒仰、九眼樓、北京結到望京樓，綿延二十多公里，充分展現了長城的驚、險、奇、特、絕，能讓人領略到原汁原味的古老長城景觀。

山海關長城位於秦皇島市的山海關境內，全長二十六公里。山海關長城以其重要的策略位置著稱，素有「兩京鎖鑰無雙地，萬里長城第一關」之稱。明朝滅亡，就是因為在此，吳三桂為了一個女人，把清軍放了進來。

在山海關長城中，有一個重要的部分，那就是老龍頭長城。它是萬里長城的起點，伸入渤海二十公尺。此段長城是用石條砌成的，高達十餘公尺，是明代抗擊日本的名將戚繼光所建。人們在把長城比作巨龍的同時，把這段伸入渤海的起始點稱為「老龍頭」。

　　如果說老龍頭長城是長城的起點，那嘉峪關長城就是長城這條巨龍的尾巴。它建於明洪武五年（1372 年），是目前保存最完整的一座城關，是河西第一隘口，也是絲綢之路上的重要一站。建造之初的嘉峪關長城城關由內城、外城和城壕組成，現在遺留下來的主要是內城。這段長城是用黃土夯築而成，外包城磚。站在嘉峪關長城之上遠望，塞外風光盡收眼底。

　　齊長城是世界上現存最古老的長城，原長度一千多里。據史載它建於靈公二十七年（西元前 555 年），這一點，《左傳》和《史記正義》上都有非常明確的記載。《左傳》載：「晉侯伐齊，……齊侯御諸平陰，塹防門而守之。」《史記正義》引《齊記》載：「齊宣王乘山嶺之上，築長城，東至海，西至濟州，千餘裡，以備楚。」

　　登臨長城，站在險要高勢，對眼前的景色一覽無餘，人們面對此情此景，總會感到豪氣沖天，體會到長城所蘊含的堅韌、頑強與智慧。

　　「秦統九州雄百國，城修萬里壯千秋。一條紐帶連天下，牽動嘉賓遍五洲」，長城，屹立中華大地的北方，讓人們領略它的巍峨壯麗，感受歷史的滄桑巨變。

第二節　偉績居然神禹下，奇才直接五丁來 ── 都江堰

　　都江堰 ──「世界水利文化的鼻祖」，位於四川省都江堰市城西，是西元前 256 年修建、至今仍在使用的大型水利工程，也是世界上年代最久的以無壩引水為特徵的水利工程。它曾吸引無數的水利專家前來觀摩學習。1872 年，德國地理學家李希霍芬（Richthofen，1833 ～ 1905 年）參觀完都江堰，盛讚「都江堰灌溉方法之完善，世界各地無與倫比」。由於其所代表的獨特水利文化，都江堰在 2000 年被列入《世界遺產名錄》。

　　沒有修建都江堰之前，都江堰所在的成都平原自然條件比較惡劣，是一個水旱災害高發之地。在這個平原上，有岷江流經。岷江是長江上游的一大支流，發源於四川與甘肅交界的岷山南麓，流經四川省的松潘縣、都江堰市、樂山市，在宜賓市匯入長江。不過它在流經都江堰地區時，已經成為整個成都平原的地上懸江，並且它流經的四川盆地西部也是多雨地區，每當岷江源頭與上游多雨水時，岷江水位就會急遽增長，漫過江岸，把成都平原變成一片汪洋。而當岷江水退後，此地又會赤旱千里。這個地區經常出現一整年顆粒無收的狀況，民生受到極大威脅。

　　不過，都江堰周邊的土地，都是土質肥沃的良田，如果沒有岷江水災的禍患，收成還是非常豐厚的。而且，這裡具有重要的策略地位，秦國宰相司馬錯曾說過：「得蜀則得楚，楚亡則天下並矣。」逐漸強大起來的秦國清楚認識到了成都平原的重要性，開始重視岷江給此地帶來的水害。

　　秦昭王在位期間，派上曉天文、下通地理的李冰為蜀郡太守，讓他治理岷江水。李冰上任以後，就帶領著他的兒子一起勘察岷江在此地的走勢，研究治理方案。在汲取前人，特別是大禹治水的經驗後，李冰父子確定了以疏為主的治理方案。方案制訂後，李冰就帶領當地人民，開始了修建都江堰的工程。

　　根據堵不如疏的治水經驗，治理岷江首先就要選擇好疏導點，這樣既可疏緩岷江主流，又能把部分岷江水分流並留做灌溉農田之用。於是，李冰就帶領有經驗的農民選勘地點。最終的疏導點選在了岷江旁的玉壘山，他們決定把玉壘山打開一個缺口，使江水分流。李冰採用以火燒岩石的方法，終於把玉壘山挖開了一道寬 20 公尺，高 40 公尺，長 80 公尺的口子。從外形來看，這個缺口酷似瓶口，於是就取名為「寶瓶口」。而開鑿玉壘山石而堆積起來的石堆，被稱為「離堆」。寶瓶口使岷江主流的水流得到了緩解，不再常常泛濫。而支流的水，也可以用來灌溉田地，確保了正常的農業生產。

　　不過，鑿開的寶瓶口，地勢較高，並不能保證岷江水有效地流經瓶口，用以灌溉農田，特別是當岷江水位較低時。於是，李冰父子想把岷江水分為兩支：一支順江而下，另一支則必須流入寶瓶口。接下來他們又開始修建分水堰。分水堰修建成功後，它西邊的支流被稱為外江，是岷江的主幹道；它東邊的支流被稱為內江，內江的水流經寶瓶口。外江的江道寬、淺，內江的江道窄、深，這樣，岷江水流量大時，主要流量就順外江而洩。水流量小時，也可以流進內江，用來灌溉農田。建造好的分水堰的前端，外形好像一條魚的頭部，人們就稱之為「魚嘴」。

　　為了確保內江的水量在控制範圍之內，較好地造成為岷江分洪和灌溉農田的作用，李冰父子又想到了一個解決方案：在分水堰的後端修建用於分洪的平水槽和溢洪道「飛沙堰」。為了不使岷江水流挾帶的沙石大量淤積、堵塞寶瓶口，在溢洪道前修彎道，這樣可以使江水在此形成環流，當江水流量過大且水位超過溢洪道時，江水就可以挾帶著沙石再次回流入外江。由於溢洪道具有如此功效，就被取名為「飛沙堰」。

　　「飛沙堰」不是用土或石塊堆積起來的，它是採用竹籠裝卵石的辦法堆築的，而且它的高度很有講究，不能太高，也不能太低。太高，達不到預防內江發生洪災的目的；太低，則難以確保內江的水流量。李冰父子根據勘察的岷江和內江

的水位承受量，把「飛沙堰」建造得恰到好處。

　　另外，為了確保寶瓶口每年正常的水流量，李冰父子又雕刻了石柱人像，豎植於內江水中，以作為觀測和控制內江水量的標的。對於流過石柱人像的水流，採用的標準是「枯水不淹足，洪水不過肩」。也就是說，當岷江水流少時，內江水不能淹過石像的腳；當岷江水量大時，內江水也不能漫過石像的肩膀。同時，他們還鑿制了石馬置於水中，當石馬露出水面時，就表明此時可以淘挖內江的水道，把裡面沉淤的沙石挖出來。那麼該淘挖多深呢？李冰父子當時也想到了這個問題，他們就在內江底放置了臥鐵，以此來作為淘挖的標準。也就是說，淘挖時，如果淘到了臥鐵，那就算完成了。

　　經過李冰父子歷時八年的改造，岷江終於由一條桀驁不馴、為害鄉里的「惡龍」，變成了一條為民造福、惠施多方的「善龍」。

　　不過，李冰父子修建都江堰時，它並不叫都江堰。最初，因修堰而鑿開的玉壘山，那時叫「湔山」，而當地的人民又稱堰為「堋」，這樣一來，「湔堋」的稱呼就形成了。到三國蜀漢時期，都江堰地區增設都安縣，都江堰也就被稱作了「都安堰」，又叫「金堤」。到唐代，因為人們是用竹籠裝石來修堤，而竹裝石在當時被稱作「楗尾」，於是它又被稱為「楗尾堰」。直到宋代，人們才把李冰父子所進行的水利工程系統，

統稱為「都江堰」。《宋史》中載：「永康軍歲治都江堰，籠石蛇決江遏水，以灌數郡田。」這一名稱比較典型地概括了都江堰的特點，得到大家的認可，於是就一直沿用至今。

人們為了紀念李冰父子為成都平原所做出的巨大貢獻，就在岷江右岸的山坡上，建造了「崇德祠」。到了宋代，李冰開始被皇帝敕封為王，於是，這個供奉有李冰父子二人的崇德祠，就被稱為「二王廟」，廟內除了供奉有父子二人的塑像外，還有治水名言、詩人碑刻等。在 2008 年 5 月的汶川大地震中，二王廟受到了極大的損壞，現正在修復中。

在修建都江堰以前，由於岷江泛濫，人們認為是惡龍在作怪。經過李冰父子治理後，水患消除，人們都說是李冰父子降伏了岷江內的惡龍。於是，人們就在離堆之上，修建了「伏龍觀」，表明李冰父子已經把龍降伏。觀內奉東漢時所雕刻的李冰石像，還有東漢堰工像、唐代金仙和玉真公主在青城山修道時的遺物 —— 飛龍鼎。在汶川大地震中，此觀也受到了損壞。

雖然經過 2008 年 5 月的大地震，都江堰並沒有受到破壞，依然具有實用價值，這是令很多人既驚訝又高興的事。面對這一盛世偉業，無數的文人雅士總是不吝筆墨，大加謳歌。如宋代詩人陸游《離堆伏龍祠觀孫太古畫英惠王像》云：

　　岷山導江書禹貢，江流蹴山山為動。
　　嗚呼秦守信豪杰，千年遺蹟人猶誦。
　　決江一支溉數州，至今禾黍連雲種。
　　……
　　奇勳偉績曠世無，仁人志士臨風慟。
　　我游故祠九頓首，夜遇神君了非夢。
　　披雲激電從天来，赤手騎鯨不施鞚。

　　從此詩可見，陸游把治理岷江、修建都江堰的功績，看得非常偉大。再如清代黃俞《都江堰》云：

　　岷江遙從天際來，神功鑿破古離堆。
　　恩波浩渺連三楚，惠澤膏流潤九垓。
　　劈斧岩前飛瀑雨，伏龍潭底響輕雷。
　　築堤不敢辭勞苦，竹石經營取次栽。

　　修築都江堰的艱辛、方法和功用，都以詩的語言一一記述，譽贊之情，洋溢字間。同樣，清代山春也在《灌陽竹枝詞》中對其大加讚揚：「都江堰水沃西川，人到開時湧岸邊。喜看杩槎頻撤處，歡聲雷動說耕田。」正由於有了都江堰，常年遭受水患的西川，才變成了肥沃的農田，成都平原也才有了「天府之國」的美稱。

第三節　水從碧玉環中過，人在蒼龍背上行 ── 趙州橋

　　河北趙縣的洨河上有座趙州橋，它也叫安濟橋，被譽為「天下第一橋」。1991 年，它被美國土木工程師學會選定為世界第十二處「國際歷史土木工程里程碑」，也是中國唯一入選的工事。從此，它與埃及金字塔、巴拿馬運河、巴黎埃菲爾鐵塔等世界著名遺蹟比肩。

　　趙州橋的不平凡，在河北流傳甚廣，一首朗朗上口、節奏明快、傳遍田野小巷的《小放牛》就是明證：

趙州石橋什麼人修？
玉石欄杆什麼人留？
什麼人騎驢橋上走？
什麼人推車軋了一道溝？
趙州石橋魯班爺修？
玉石欄杆聖人留？
張果老騎驢橋上走？
柴王爺推車軋了一道溝……

　　從這首歌謠可見，趙州橋是由魯班修建的，八仙之一張果老倒騎著毛驢在上邊經過，柴王爺也推著獨輪小車在上邊走過。其實，這些並不是真實發生過的，而只是人們在誇讚

趙州橋修建的巧妙，引得神仙都來湊熱鬧。

《小放牛》歌謠中還包含著下面這個傳說：

趙州的洨水經常泛濫，一發大水，河兩邊的居民就難以過河，可是人們又沒有能力在這麼寬的洨河上建造可以溝通兩岸的橋，大家常年都為這事發愁。魯班知道這件事情後，就趁夜晚大家都睡著時，一晚上就把橋給建好了，而且是從未有過的全新樣式。清晨，人們發現建好的橋後，都非常高興，敲鑼打鼓慶賀，魯班心裡當然也美滋滋的。

張果老聽說這件事之後，就想試試魯班建的橋如何，於是叫上柴王爺柴榮，扮成老者來到了剛修好的橋頭。二人問魯班說：「我們兩個可以從橋上過嗎？」魯班看是兩個瘦瘦的老者，一個騎頭毛驢背個褡褳，一個推個獨輪車，車上僅有兩個布袋，就說：「可以，老者請！」張果老褡褳裡裝著太陽和月亮，柴王爺車上裝的是五嶽三山，這可是魯班沒有看出來的。

只見兩位老者一上橋，橋身就開始震顫，走到中間時，就搖搖欲墜，眼看要倒。這時魯班趕緊跑到橋身下，用雙手托住橋身，才終於讓兩位老者安全透過。不過經過這麼一折騰，橋面上留下了毛驢的蹄印、柴王爺推車一膝著地印、獨輪車壓出的一道深轍和橋底魯班雙手托撐留下的手掌印。

　　現在，除了留有手掌印的石塊因脫落而不可見外，其他的痕跡都是可以看到的。而且，在趙州橋西仿建的新橋上，也特意製作了驢蹄印、膝印和車轍。

　　當然，這只是傳說。其實，趙州橋並不是魯班建的，而是由隋朝石匠李春設計完成的。這一點，唐中書令張嘉貞在《安濟橋銘》一書中有明確的記載：「趙州洨河石橋，隋匠李春之跡也。製造奇特，人不知其所以為。」可見，在唐代，人們還是非常驚異於李春的建造方案的，以至於想不到他如何建造出如此樣式的橋。也許正是因為此，人們才想像出了魯班造橋的傳說。

　　在修建趙州橋之前，中國的橋多為單拱半圓形實肩橋。所謂實肩橋，就是只有一個大的流水通道的橋，半圓形拱道的兩側上方至橋面都是填實的，無論河道的水多還是少，都只能從這一個拱道流過。而趙州橋則有了改變，它首次採用了敞肩建築樣式，也就是在主拱道的兩側上方分別修建了兩個小的拱道，當洨水漲滿河床時，這兩邊的四個小拱道可以幫助主拱道洩水，這樣可以減小水流對橋的衝擊，有利於保護橋體。

　　從表面看，僅僅是在橋體上多留了四個洞，可就是這四個洞，從此改變了中國乃至世界石拱橋建築的歷史。並且，這樣還可以減少很多建築用料，減輕橋體的重量。據專家核

算，這四個洞為趙州橋節省石料二十六立方公尺，減輕重量七百噸。

趙州橋之前的石拱橋，其拱道多為半圓形，形成了橋體中間比兩端高出很多的現象，這使得過橋很不方便。當時的主要運輸工具是獨輪車，如果要推很多東西過橋，就非常艱難。李春在建築趙州橋時，也考慮到了這一點，他沒有把石拱建成半圓形，而是把石拱的跨度增大，跨徑達到 37.02 公尺，這樣就可以使橋面基本趨於平直，減小過橋的難度，這也是趙州橋的一大特色。不過從前面說到的傳說故事可知，即使如此，柴王爺在推車過橋時，還是非常艱難，以至累得單膝著地。

另外，趙州橋的石塊砌法也與其他橋梁不同。一般的石拱橋的拱洞都是採用橫向聯式的砌築法，這樣砌出的拱是一個整體，比較結實。但這種拱的建造比較麻煩，一是施工時間長，二是需求在橋的下方搭建大的木架作為支撐，且要等橋全部完工才能拆除木架。而洨河河水的漲落，明顯無法給人們留出足夠的施工時間，此種砌法也就無法施行了。於是，李春大膽採用了別人都不曾採用的縱向並列式砌築法，它不需求搭建大木架，而且施工週期短，符合洨水漲落的實際情況。

但是，縱向並列式砌法卻有一個致命的缺陷，就是每個

拱的石條都是獨立的，不能形成一個整體，容易導致橋體兩側向外倒塌。李春認識到這一點之後，又巧妙地找到了有效的解決方法。

他先用九條兩端帶帽頭的鐵梁橫貫拱背，串連住二十八道拱券，加強橫向連繫，然後用腰鐵卡住相鄰的拱石，再在橋的兩側用外頭向下延伸五公分的鉤石勾住主拱券，拱券外加護拱石。這樣，整個拱券的石條就如一個整體了。同時，李春還把拱券底部建得比拱券頂寬六十公分，以達到拱券的少量「收分」，防止拱券向外傾斜。正是由於使用了這個處理技巧，才使得趙州橋經受住了歷史的考驗，歷經數次地震、水災和一千四百餘年的風雨，依然堅固如初，發揮著溝通洨河兩岸的作用。

令人驚訝的還不止這些，趙州橋的橋基也有其奇特之處，就連中國著名的建築學家梁思成也曾是百思不得其解。他於 1933 年考察過趙州橋的橋基後，在報告中這樣寫道：

「為要實測券基，我們在北面券腳下發掘，但在現在河床下約 70 ～ 80 公分，即發現承在券下平置的石壁。石共五層，共高 1.58 公尺，每層較上一層稍發表，下面並無堅實的基礎，分明只是防水流沖刷而用的金剛牆，而非承納橋券全部荷載的基礎。因再下 30 ～ 40 公分即見水，所以除非大規模的發掘，實無法進達我們據學理推測的大座橋基的位置。」

　　梁思成實地考察後，仍然迷茫，竟然沒有發現大橋的橋基，而在主拱券下僅發現用來防止水流沖刷的金剛牆。其實，梁思成所謂的金剛牆，恰好是趙州橋的橋基，只不過它突破了一般的大橋橋基的常規，這正是梁思成先生所掌握的學理中所未曾出現過的。

　　趙州橋只是在河道上放置了幾個石塊，而沒有堅實的橋基，這也正突出了趙州橋設計者李春的過人之處。李春考察後發現，這裡的地層是由河水沖積而成，表面是久經水流沖刷的粗砂層，以下是細石、粗石、細砂和黏土層，是很好的承重結構。於是李春不再修建橋基，而是直接在地表上砌石條為橋臺。現在用先進的測試儀測算後發現，這裡的地層每平方公分能夠承受 4.5 ～ 6.6 公斤的壓力，而趙州橋對地面的壓力為每平方公分 5 ～ 6 公斤，完全符合承受能力。

　　對於趙州橋民歌中的「仙跡」，現代橋梁專家羅英據工程原理推測，這些痕跡應是行車指標和工程指標。橋面上的車轍表明載重車輛所行的位置，驢蹄印表明次重量的載重物透過的位置，而一般的行人，行在橋的兩邊。這樣是為了有效防止拱券用縱向並列式砌法所造成的固有弊端。至於橋下的手掌印，則表示橋萬一產生裂痕，可在手掌印處暫時支撐，以免橋體立刻坍塌，然後再從容維修。可見，趙州橋處處都蘊藏著無限智慧。

　　趙州橋橋面兩側的石欄上，還雕刻著眾多的飾物，如花飾、竹節、獸面等，以及很多造型不同的蛟龍。而長 50.82 公尺的趙州橋，更是被譽為橫臥碧波之上的蛟龍。如宋代趙州刺史杜德源贊曰：「駕石飛梁盡一虹，蒼龍驚蟄背磨空。」元代劉百熙贊曰：「水從碧玉環中過，人在蒼龍背上行。」二人都把趙州橋看作蒼龍臥波，更有甚者，清代張士俊直接稱趙州橋是「青龍謫下化長橋，日駕川流誰可搖」。

　　趙州橋的精巧建築，更是人們歌詠的對象，如崔恂《石橋詠》曰：「昔有黿鼉異，今看結構奇。」可見他對趙州橋的結構極為讚賞，還認識到這種結構「代久堤維固，年深砌不隳」。同樣，清代的王基宏《安濟橋》也曾對其頌曰：「安濟石橋日月留，蟠龍踞虎汶河洲。無楹自奪天工巧，有竅能分地景幽。豈是長虹吞皓月，故教半魄隱清流。不言果老多神異，況剩白驢嵌石頭。」此詩把趙州橋的傳說化於詩內，在對其樣貌的歌詠之中，盛讚了它的「自奪天工巧」。

第四節 不須候吏沙頭報,驛站懸知是古城 —— 古驛站

驛站之於古代社會,如同血脈之於機體。離開了它,古代社會就像一個癱瘓的機器,難以運轉。

關於驛站,明代倪謙曾在《句容龍潭新驛記》中云:「驛站之設,所以通朝廷之使命,待四方之賓客,陸給以騎,水濟以舟,供其廩饩而便其馳騖者也。是以上德以宣,下情以達,而庶事以濟。為治者其可後乎?」清代湯斌也有《謹陳調劑驛困之法以杜耗費以清欺項疏》云:「竊唯驛站之設,所以通命令而速章奏,甚重也。」可見,二人都非常強調驛站的重要作用,特別是其在治理國家中的訊息作用。

中國設立驛站並不是從明清才開始的,而是具有非常悠久的歷史。據甲骨文研究成果,甲骨文中已出現了「傳氏」等字,說明在殷商時期就存在有驛遞機構和制度,只不過那時還不稱其為「驛站」。春秋戰國時稱之為「傳」,如《左傳》載:「公喪戎路,傳乘而歸。」在南北朝時期,最早出現了「驛站」的說法,如《晉書·孫惠傳》載:「每造書檄,越或驛馬催之,應命立成。」可見,在晉代,驛站傳遞訊息的功能已經非常強大。

　　驛站是用來傳遞訊息與提供歇腳等服務的，有著嚴格的級別限制與使用法則。如驛站的舟船或車馬服務，並不是對任何到達驛站的官員都會提供，而需求受到服務的人提供憑證。如兵部需求驛站提供服務時，就要拿出火牌憑證；官府需求驛站提供服務時，就要拿出勘合憑證；而一般的運送公文和物品需求驛站服務時，就要拿出郵符憑證。當然，如果是六百里加急文書，還需求另外的特別憑證。如杜牧所說的「一騎紅塵妃子笑，無人知是荔枝來」，那個騎馬運送荔枝的人，就要借助沿路驛站提供馬匹的服務，否則的話，從嶺南跑到長安，一匹馬是絕對無法完成任務的。

　　隨著時代的發展，驛站的歷史使命逐漸衰微，又由於其自身沒有太多奢華的建築樣式，古驛站也就慢慢地淡出了人們的視野，以至太多的古驛站遺蹟無存。

　　好在，歷史是公平的，它還沒有完全從記憶中抹去有關驛站的所有痕跡，在一些被人們遺忘的角落裡，還蜷縮著幾個從繁華大道上落寞於此的驛站。對它們的重提，並不是為了能使驛站重新走進人們的視野並興盛壯大，而是為了使人們對那段歷史，和它所承載的驛站文化有所了解。因為，它也是民族文化的重要組成部分。

　　榆林堡，位於北京延慶區康莊鎮，是北京地區現存最大的古驛站遺址，也是一座重要的軍事城堡。它始建於元世祖

中統三年，距今已經七百餘年。

　　榆林堡古驛站呈「凸」字形，「凸」字上半部分為北城，下半部分為南城，南北城各建有東西二門，並有城樓和甕城。在榆林堡的西北角有三十二塊半磨盤，這些磨盤原本在城門之上，相傳李自成領兵起義時，晚上曾路過榆林堡，看到城門之上有三十二塊半磨盤，疑似三十二只猛虎，就沒敢進入此堡。

　　至今，榆林堡驛站內仍然保留著大量明清時期的宅院，在南城西街路邊，還有一座保存相對完好的四合院，房屋的屋簷精雕細琢，據說，當年慈禧太后西逃時，曾攜光緒帝路經榆林堡，並在驛站歇腳，此四合院就是慈禧太后居住過的地方。慈禧太后在此也沒忘施行權力，賜名此堡為「太平堡」。不過現在，榆林堡驛站已是年久失修，殘破支離，到處荒草叢生，夕陽殘照中，倍顯淒涼。

　　雞鳴驛，位於河北省懷來縣以西二十餘公里的雞鳴山下，因山而得名，故又名「雞鳴山驛」。它始建於元代，明永樂十八年（1420 年）在此建造城堡，清乾隆三年（1739 年）全面擴建整修。驛城基本呈正方形，東西長約四百六十七公尺，北南寬約四百六十三米。城牆是內外青磚包面夯土結構，底寬在七至九米之間，頂寬在四至五米之間，城牆通高約十二米。東西各有一座城門。四面城牆上有四個角臺、

二十六個牆臺，牆臺上建有十二座更鋪（更鋪為夜間值勤兵丁之哨位）。城牆頂部外側有堆口，堆口間距為 3.5 公尺，堆牆上有了望孔、射擊孔和排水孔道。

　　經乾隆年間重新修建後，城內設有驛丞署、驛倉、把總署、公館院、馬號等建築，還有戲樓和寺廟等。北牆體中部平臺上，建有雙層木結構的玉皇閣，南牆體中間平臺上，建有壽星樓，也是驛站最高的了望臺，不過如今這兩座城樓已經蕩然無存。城垣的東南角臺上建有魁星樓。東西城門上各有一座木結構城樓，不過也已經不存在了。現今的城門樓，是八一電影製片廠為拍攝《大決戰》外景，仿照古城樓的樣式專門製作的。當時的驛城，是集郵驛、軍事防禦、居住、商業、文教、宗教活動於一體的城市，功能相當完備。

　　慈禧逃跑時，也曾在此驛站內居住過，現在她所住的建築，還有遺址可尋。到 1913 年，北洋軍閥政府決定「裁汰驛站，開辦郵政」，雞鳴驛也就慢慢地受到了冷落。不過幸運的是，城內的一些古建築被完好地保留了下來，如驛城中最早的建築永寧寺，距今已經八百多年；寺廟內遺留下的明清壁畫，色彩依舊，人物栩栩如生。

　　雞鳴驛較好地保留了原來的風貌，反映了明清時期的驛站布局與建築特色，是迄今為止國內規模最大、功能最全、保存最完好的一座古代驛站，是中國社會郵驛、軍事、交通

歷史變遷的一個縮影和見證。1996 年 8 月，國家郵電部發行了紀念郵票《古代驛站》一套兩枚，紀念中國郵政創辦一百週年，其中一枚就是雞鳴驛。不僅如此，由於它的保存完好，還成了很多古裝片拍攝明清驛城的首選地，如《血戰臺兒莊》、《大決戰》等，都是在此取景的。

孟城驛，位於江蘇省高郵市南門外館驛巷 13 號，是京杭大運河旁一處重要的水馬驛站。始建於明洪武八年（1375年），在明代嘉靖三十六年（1557 年）毀於倭火，幾成廢墟，隆慶二年（1568 年）得以重建。1985 年，孟城驛被重新發現，是目前保存較好的古代驛站，眾多建築保留著明代的建築特色。

孟城，是高郵的別稱，源於宋代詞人秦少游描寫高郵「吾鄉如覆盂」之言。在高郵設置驛站，有著非常悠久的傳統。秦王嬴政二十四年（西元前 223 年），就在此地築高臺，設置郵亭，從那時起，這裡就與「郵」連繫在一起，並被命名為高郵。不過隨著高郵驛站的老化，到明初基本不能再繼續使用了。於是，重視驛站作用的洪武帝決定在此重建驛站，並將此改名為孟城驛。

進入孟城驛的大門，就可看到皇華廳，又稱接官廳，是傳宣政令的場所，也是地方官員迎接過往官員和賓客的廳堂。皇華廳後是駐節堂，是驛丞、高郵州官接待各方使節、

迎接四方賓客的地方，被專家認定是「原汁原味」的明代盂城驛建築物。中間兩根柁梁上有「年年有餘」、「吉祥如意」、「步步高陞」、「必定勝利」等木雕。駐節堂往北是一間間又窄又小的驛卒、馬伕宿處，往東是郵驛史展覽室。展覽室的南面是馬神廟，其內供奉有「敕封馴馬王爺之神位」，廟前有一尊與真馬一樣大的棗紅驛馬塑像 —— 馬神。由於古代驛站的主要交通工具是馬，因而馬對於驛站也就顯得非常重要，所以古代驛站內大多設有馬神廟，以祈求驛站人馬平安。

隨著人們對驛站價值開始重視，一些驛站的遺址再次走入人們的視野，如位於黑龍江的漠河驛站、位於北京通州的潞河驛站、位於江蘇蘇州的橫塘驛站等。這些遺存的驛站，只是古驛站中很少的一部分。不過無論是遺存主體規模，還是僅殘存一角，甚或僅有遺址可尋，都能從點點滴滴中反映出古驛站的特色。

驛站在古代社會中扮演著十分重要的角色，特別是一些趕考的士子和周遊的騷客，總會在旅途中借助驛站的庇護。因而，在眾多的詩詞文章、奏疏策文中經常論及、歌詠驛站。如唐代詩人元稹有《陽城驛》：「商有陽城驛，名同陽道州」，宋代詩人汪儀鳳有《題豐城驛》：「過盡長亭復短亭，修途隨處月同行」，張嶠有《方城驛》：「古驛藏幽谷，迴環亂峰稠。驛前山特秀，翠氣光浮浮。」明代詩人儲巏亦有《古城

驛》:「野水微茫斷岸平,幾家相對掩柴荊。不須候吏沙頭報,驛站懸知是古城。」

面對這些歌詠驛站的詩篇,也許,你的腦海中會浮現出一幕幕富有詩意的驛站畫卷,當然,在拂彈去驛站文化的浮塵之後,更多的是要思考它的承續和啟示。

第五章　樓閣遺蹟

與文人結緣的樓閣，自然聲明遠播。

唐代文人劉禹錫有一篇童孺皆知的《陋室銘》，文曰：

「山不在高，有仙則名。水不在深，有龍則靈。斯是陋室，唯吾德馨。苔痕上階綠，草色入簾青。談笑有鴻儒，往來無白丁。可以調素琴，閱金經。無絲竹之亂耳，無案牘之勞形。南陽諸葛廬，西蜀子雲亭。孔子云：何陋之有？」

從此文不難看出，只要樓閣的主人品格高了，這樓閣也就不再簡陋了，而更有名望了。

品讀著《陋室銘》，我們會不由地想起因文章而名聞天下的岳陽樓、黃鶴樓、滕王閣，追溯一下它們的歷史就會發現，原來，不僅僅是樓閣的主人可以使樓閣聞名，借助文人之筆，同樣可以。當然，如果樓閣也能飽讀萬卷書，亦會使其名不脛而走，海源閣與鐵琴銅劍樓，就是很好的例證。

原來，聞名於世的樓閣，其遺蹟不僅僅是遺址，還有飽蘊的文化與故事。

第一節　遍歷江山只此樓，名傳自古今又修 —— 岳陽樓

　　范仲淹用他優美的文筆，使岳陽樓鮮活起來，正是這篇《岳陽樓記》，使古往今來的一代代華夏子孫知道了岳陽樓：「慶歷四年春，滕子京謫守巴陵郡。越明年，政通人和，百廢具興。乃重修岳陽樓，增其舊制，刻唐賢今人詩賦於其上。屬予作文以記之……」

　　岳陽樓地處宋代的巴陵郡，也就是今天的湖南省岳陽市。相傳在東漢末年，孫權的大將魯肅受命駐守巴陵，此地有著龐大的水面，便於操練水軍。於是魯肅就在洞庭湖訓練水軍，並在洞庭湖的險要地段建設城鎮，使巴陵更加易守難攻。為了掌握水軍的訓練程度，指揮水軍操練，建安二十年（215 年），魯肅決定在巴陵山上修築閱軍樓。閱軍樓臨洞庭湖而建，在樓上可以將洞庭全景及湖中一帆一波盡收眼底，軍事作用可謂無敵。

　　魯肅所建的這座閱軍樓，就是岳陽樓的前身。後來，閱軍樓在兩晉、南北朝時被改稱為「巴陵城樓」。到唐朝，就開始起用今名岳陽樓了。有人說，是因為李白的詩篇中用了「岳陽樓」來描述此樓，所以才改稱為「岳陽樓」。如李白詩中有

言：「拂拭倚天劍，西登岳陽樓。長嘯萬里風，掃清胸中憂。」（《留別賈舍人至二首》其一）「樓觀岳陽盡，川迥洞庭開。雁引愁心去，山銜好月來。」（《與夏十二登岳陽樓》）不知道這是否符合事實。

不過，閱軍樓並沒能穿越歷史長河完好地保存到唐代。唐代時的閱軍樓，已經是僅留舊址了。據相關資料載，在唐開元四年，張說被貶到岳州做官，他決定在閱軍樓舊址上重建樓閣，並發榜招募天下能工巧匠。

來應募的人當中，從潭州來的李姓青年工匠被選中。據說，張說要他設計一座三層、四角、五梯、六門、飛檐、斗拱的樓閣，這甚為困難。眼看限期已到，李工匠還不能完成設計。正當他一籌莫展時，有位白髮老人幫助他完成了設計。後來李工匠才得知，這位老人姓盧，是魯班的弟子。臨走時，他還在完成的岳陽樓旁留下了上刻「魯班尺」字樣的木尺。

當然，這個有關岳陽樓設計的傳說，很難考證是否真實。不過，這也正反映了人們對岳陽樓建築藝術的稱讚，認為非有神人相助，凡人是難以完成的。

岳陽樓全樓高達 25.35 公尺，平面呈長方形，寬 17.2 公尺，進深 15.6 公尺，占地 251 平方公尺。樓體為純木三層結

構。樓中部以四根直徑為 50 公分的楠木大柱直貫樓頂，承載樓體的大部分重量。再用十二根廊柱支撐上層，另有三十二根簷柱支撐飛簷。全樓梁、柱、檩、椽全靠榫頭銜接，相互咬合，沒用一釘一鉚。特別是樓的十二個飛簷，呈三層重疊，大有一種凌空飛起之勢。還有它最上層的四個飛簷，是與樓頂連為一體的，遠望之，猶古代士兵所戴之頭盔，這種樓頂的建築樣式也被命名為「盔頂式」，在古代樓閣建築中，是獨一無二的。

對於岳陽樓的這種建築樣式，人們歸納為木製、三層、四柱、飛簷、斗拱、盔頂。岳陽樓的三層飛簷是不同的，第一層為鳳凰翹首，第二層為龍頭翹首，第三層為迴紋形如意祥雲翹首。岳陽樓一身獨具多種風格，其凌空欲飛的樓簷所展現出來的大氣、雄放，再加上它所建之地勢，以及所臨之磅礴湖水，這一切所營造的景象，令歷代騷人雅士、文人墨客，流連忘返，詩興勃發。

不過，從范仲淹的《岳陽樓記》可知，唐代的岳陽樓，在宋代進行了重修。其實，岳陽樓從誕生至今，經歷了無數次的重修。我們今天所看到的岳陽樓，是在沿襲清朝光緒六年（1880 年）修復的基礎上，經 1984 年重修過的，而且還特意把它的花崗石臺基增高了三十公分，使它看上去金光燦爛，豪華氣派。

　　如今的岳陽樓，不僅以其建築藝術特色取勝，最重要的還是其所擁有的文化內涵與意蘊。從唐代張說主持修建完畢，就不斷地有各路雅士騷人到岳陽樓觀光，留下墨寶，如前面所說李白，還有與李白齊名的杜甫，以及劉長卿、元稹、李商隱等，都有墨跡遺存。

　　岳陽樓內還有很多楹聯，特別是一樓有一副比較有意思的對聯：

「一樓何奇？杜少陵五言絕唱，範希文兩字關情，滕子京百廢俱興，呂純陽三過必醉。詩耶？儒耶？吏耶？仙耶？前不古人，使我愴然涕下；請君試看：洞庭湖南極瀟汀，揚子江北通巫峽，巴陵山西來爽氣，岳州城東道岩疆。瀦者，流者，峙者，鎮者。此中有真意，問誰領會得來。」

　　這副對聯為清代道光年間的進士竇土序所撰、何紹基書寫。一副楹聯，就把岳陽樓的各種特點概括進去，有著無窮韻味。

　　在一樓還有一組檀木雕屏《岳陽樓記》，是清代大書法家張照書寫後雕刻而成的，這組檀木雕屏被稱為「四絕」，即在文章、書法、刻工、木料四個方面皆是絕佳。

　　二樓也有一組雕屏《岳陽樓記》，不過是贋品。據說，清代有一位姓吳的知縣，剛到岳陽上任，就看中了張照書寫

雕刻而成的檀木屏，於是就找人祕密臨摹雕刻。兩年後卸任時，他把贗品置於岳陽樓內，而把真品帶到了自己的船上，打算一起運走。誰知惡有惡報，吳知縣船到湖心，風起波掀，船翻湖中，檀木屏也沉到了水底。檀木屏後被漁民撈得，當地文士吳敏樹得知後購得，並把受損的第八屏上的「歌互」和第十二屏上的「東」字，透過細心摹寫張照筆跡，進行了補刻。

三樓有毛澤東書寫雕刻成屏的杜甫的《登岳陽樓》，其詩云：「昔聞洞庭水，今上岳陽樓。吳楚東南坼，乾坤日夜浮。親朋無一定，老病有孤舟。戎馬關山北，憑軒涕泗流。」不過，書寫此屏時，把「老病有孤舟」中的「病」寫成了「去」，而且前後沒有落款。儘管大家都認為這是毛澤東的手跡，卻對此二點無以釋解。

岳陽樓南側，有仙梅亭，它是一座六邊形的小亭，也是純木結構，高七公尺，二層三檐，檐角高翹，顯得玲瓏雅緻。據說明崇禎十二年（1639年），陶宗孔主持修建岳陽樓，在樓基沙石中得石一方，拂去上面的泥土後，只見潔白如玉的石板上，一面有一枝枯梅，若隱若現二十四梅萼，紋理蒼勁，如仙家所畫。時人皆以之為神物，稱之「仙梅」，於是就建「仙梅亭」，亭內安置此石。

岳陽樓北側，有三醉亭。據說八仙之一的呂洞賓曾三次

到岳陽神遊，且每次都喝得酩酊大醉。因為這個傳說，人們在 1755 年重修仙梅亭時，在傳說中呂洞賓醉酒的地方增修一亭，稱之「望仙閣」。在 1987 年重修時，改為今名「三醉亭」。同為紀念呂洞賓，還有呂仙祠，它位於岳陽樓以北一百公尺處，坐北朝南，其內供奉岳陽樓詩酒神仙呂洞賓金身神像。

在岳陽樓之下，即為岳陽的古城西門 —— 岳陽門。岳陽門是水路進出岳陽城的唯一通道，地理位置險要，戰時為兵家必爭之地。它由巨型條石砌成，城門洞呈拱形，高四米，長四十二米，為清代遺物。其上「岳陽門」三字，為乾隆十二年 (1747 年) 岳州知府黃凝道所書。

在岳陽樓東北約一百公尺的小四合院內，有岳陽樓的歷代名人蠟像館。館內展出了李白、杜甫、白居易、歐陽修、文天祥等名人的四十二尊蠟像，神態各異，栩栩如生，形神兼備。且據不同的主題，分為「八仙過海」、「詩人聚會」、「巴陵四絕」、「魯肅閱兵」和「主席墨寶」五個展室。

另外，紀念范仲淹和滕子京的「雙公祠」、集書寫岳陽樓的詩篇刻石的碑廊，以及牌坊、點將臺、懷甫亭、五朝樓觀、瞻岳門、鐵枷、小喬墓等景觀，與岳陽樓一起，吸引著八方來客。

觀賞岳陽樓，除了有「遍歷江山只此樓，名傳自古今又

修」的仰羨，有「登斯樓也，則有心曠神怡，寵辱皆忘，把酒臨風，其喜洋洋者矣」的快樂，亦能體味到「先天下之憂而憂，後天下之樂而樂」的為國為民之苦心。

第二節　昔人已乘黃鶴去，此地空餘黃鶴樓 ── 黃鶴樓

　　不知是文字成就了黃鶴樓，還是黃鶴樓成就了一首首千古傳唱的詩篇。與岳陽樓一樣，黃鶴樓聲名大噪，也與唐朝的詩篇相關。最著名的當數崔顥的《黃鶴樓》：

　　昔人已乘黃鶴去，此地空餘黃鶴樓。
　　黃鶴一去不復返，白雲千載空悠悠。
　　晴川歷歷漢陽樹，芳草萋萋鸚鵡洲。
　　日暮鄉關何處是，煙波江上使人愁。

　　全詩以逝者已逝的傷感起調，往者不可追的低惋承續，這一切，都引發了人們對故鄉的懷戀和對人生追索的迷茫。這是思想者和普通人都會遇到的心情，是富貴者和貧賤人都會有的沉思，它喚起了人們心底最敏感的神經，使所有人的心都得以共鳴。所以，讀過之後，記住了崔顥，也記住了這座黃鶴樓。

在中國的神話傳說中，從來不缺少神仙與仙鶴同在的意境。同樣，黃鶴樓的得名，流傳最多的，正是這樣的神話傳說。而且與岳陽樓一樣，傳說也與呂洞賓有關。

據說，呂洞賓喜愛雲遊與喝酒。有一天，他到了此地，看到風景優美，甚是高興，就在此地的一家小酒店內飲酒賞景。一喝就是好幾天，醉了就趴在桌上睡覺，醒了就叫酒喝。可是從沒有說要給錢，店主也不向他要錢。就這樣又過了幾天，呂洞賓感覺店主很是善良，就拿著手中的西瓜皮在店牆上畫了一隻鶴。很快西瓜皮變成黃色，鶴也就成了黃鶴。

呂洞賓喝酒喝高興了，就唱起道詞，並叫來酒家的小童子一起唱。唱著唱著，奇怪的事情發生了，只見牆上的黃鶴翩翩起舞，從牆上走了下來。這事迅速傳遍了鄉里，人們爭來觀睹，酒店的生意也就紅火起來，數月間得錢數百萬，店主成為當地首富。

高興的店主想重金感謝呂洞賓，呂洞賓卻不要，並說，日後用此錢救濟貧苦之人，就是對他的感謝。說完，只見那黃鶴從牆上走下，呂洞賓騎之而去。店主為了紀念、感謝呂洞賓，就在此地建起一座樓。由於他不知道呂洞賓的名字，於是就起名為黃鶴樓。

傳說是唯美的，它一邊探索著黃鶴樓的名稱來源，一邊

勸告天下人一心為善。其實，據史料記載，黃鶴樓的建造，在三國時期就開始了。

三國時期吳黃武二年（223 年），孫權出於軍事目的，為實現「以武治國而昌」，在形勢險要的夏口城，也就是今天的武昌城西南面朝長江處，修築了了望守戍的「軍事樓」，這個「軍事樓」也就是最早的黃鶴樓。三國鼎立的局面結束後，該樓也就失去了它的軍事價值。但由於夏口城地處交通要道，此樓也就成為「遊必於是」、「宴必於是」的景觀了。

特別是到了唐朝，黃鶴樓幾乎成了文人雅士的必遊之地，而且是遊必有作。這裡還有一個有關李白的故事。

李白到黃鶴樓遊玩時，面臨優美景觀，非常高興，不禁詩興大發，可是正要提筆書寫時，發現此樓已經有崔顥的《黃鶴樓》一詩。閱後感覺詩作寫得確實好，難以過之，但又不甘心，於是就近乎發脾氣地寫道：「一拳捶碎黃鶴樓，一腳踢翻鸚鵡洲。眼前有景道不得，崔顥題詩在上頭。」

隨著時代不斷更替，黃鶴樓也經歷著不斷的重修。僅明清兩朝，就重新修建了七次。清代最後一次修建黃鶴樓是在同治七年（1868 年），但這次建成的黃鶴樓在光緒十年（1884 年）就被毀壞了。直至清朝滅亡，黃鶴樓再也沒有得到重建。

1957 年，修建武漢長江大橋武昌引橋時，黃鶴樓舊址

正好在徵用範圍內，不得已，黃鶴樓的舊址就被徵用了。但是，人們並沒有忘記它。終於，1981 年 10 月，在距黃鶴樓舊址約一公里的蛇山峰嶺上，開始了重建黃鶴樓的工程，主樓以清同治樓為設計藍本，並進行適當的修改，使其更高大雄偉。經過四年的工期，新的黃鶴樓在 1985 年 6 月落成了。它就是我們今天所觀賞的黃鶴樓。

黃鶴樓的主樓融入了一些新的建築技術與特徵，是鋼筋混凝土框架的仿木結構，而不是純木結構。從外觀看，黃鶴樓為五層飛檐，攢尖樓頂，頂上覆蓋的金色琉璃瓦屋面，使其顯得富麗堂皇，通高 51.4 公尺的樓身，也使其顯得雄偉壯觀。它的平面設計為四邊套八邊形，稱為「四面八方」，這種設計，顯示出黃鶴樓接納八方來客的大氣。而五層的重疊飛檐，好像是展示著黃鶴樓的凌空飛起之態。也許，它也想如黃鶴一樣，飛往神話中的天宮。

與古黃鶴樓相比，重建的黃鶴樓變化還是比較大的。據載，古黃鶴樓「凡三層，計高九丈二尺，加銅頂七尺，共成九九之數。」而新黃鶴樓則是五層，比古黃鶴樓多兩層，高出約二十公尺。當然，這不是說黃鶴樓沒有保留原來的規模，不具有古樓的價值。其實，據史料記載，經過多次重修的黃鶴樓，每次都與前不同。今天重建的黃鶴樓，還是保留了古樓的某些特色。

　　黃鶴樓內部，層層風格亦不相同。底層為高大寬敞的大廳，外檐柱直徑為三十公尺，正中藻井高達十餘公尺。正面樓壁上，是一幅巨大的「白雲黃鶴」陶瓷壁畫，兩旁立柱上懸掛著長達七公尺的二十二字楹聯：「爽氣西來，雲霧掃開天地撼；大江東去，波濤洗淨古今愁。」

　　二樓大廳正面牆上，是用大理石鐫刻的唐代閻伯理撰寫的《黃鶴樓記》，記述了黃鶴樓的興廢沿革和名人軼事。兩側為兩幅壁畫：一幅是《孫權築城》，形象地說明黃鶴樓和武昌城相繼誕生的歷史；另一幅是《周瑜設宴》，反映三國名人在黃鶴樓的活動。

　　三樓大廳的壁畫為唐宋名人的「繡像畫」，如崔顥、李白、白居易、陸游等，配有他們吟詠黃鶴樓的名句。並設夾層迴廊，陳列有關詩詞書畫。

　　四樓大廳用屏風分割幾個小廳，內置當代名人字畫。且二、三、四層周圍都有迴廊，可供站立遠望。

　　五層是了望廳，在此可以欣賞到黃鶴樓四周的景色，也可以盡情享受長江水面給人帶來的愉悅。在五層大廳，有《長江萬里圖》等長卷、壁畫。

　　黃鶴樓重建後，還修建了一些附屬性的建築景觀，與黃鶴樓主樓相映生輝，同時得主樓襯托得更加壯麗、雄偉、渾

厚。在這些輔助性的建築中，主要有以下幾處景觀。

　　黃鶴樓南樓，舊時有白雲樓、安遠樓、瑰月樓、楚觀樓等名稱，與黃鶴樓、頭陀寺、北榭並稱為古時蛇山「四大樓臺」。此樓位於黃鶴樓東南 185 公尺處，背山面南，二層，歇山式頂，重檐飛角。此樓是 1985 年重建的，為鋼筋水泥仿磚木結構。樓前有一棵百年古樹，給南樓平添古樸、雄渾之色。

　　白雲閣，在黃鶴樓以東約 274 公尺的蛇山高觀山山頂，閣高 41.7 公尺。此閣為 1992 年 1 月建成，外觀為塔樓式，呈「T」型，坐北朝南。由於其所處地勢較高，是觀賞黃鶴樓、蛇山、長江的極佳景點。「白雲閣」命名源於「黃鶴一去不復返，白雲千載空悠悠」，為史學家周谷城手書。

　　毛澤東詞亭，在黃鶴樓東南 206 公尺處。此亭於 1992 年建成，坐北朝南，長寬各 6.6 公尺，高 9.5 公尺，四角攢尖，重檐舒翼。亭中央矗立一座高 3.2 公尺、寬 1.8 公尺的大型青石碑，南北兩面分別鑴有毛澤東 1927 年春登蛇山時填寫的《菩薩蠻·登黃鶴樓》和 1956 年 6 月暢遊長江後填寫的《水調歌頭·游泳》。

　　擱筆亭，在黃鶴樓以東 132 公尺處。此閣於 1991 年建成，主要是取前面所述李白看到崔顥已經題詩於黃鶴樓，無奈擱筆不題的故事。此故事一方面說明崔顥所寫的《黃鶴樓》

確實好，得到了李白讚賞，另一方面也說明黃鶴樓確實是個好景觀，能令那麼多人詩興勃發，興致盎然。當然，我們也知道，李白並沒有因此擱筆不再寫關於黃鶴樓的詩。如前面所引，李白也作了一首非常知名的作品，另還有《與史郎中欽聽黃鶴樓上吹笛》、《黃鶴樓送孟浩然之廣陵》、《望黃鶴樓》等名篇。

黃鶴歸來銅雕，位於黃鶴樓以西 50 公尺的正面臺階前裸露的岸石上，由龜、蛇、鶴三種吉祥動物組成。龜、蛇馱著雙鶴奮力向上，黃鶴腳踏龜、蛇，俯瞰人間。該銅雕高 5.1 公尺，重 3.8 噸，為純黃銅鑄成。

九九歸鶴圖浮雕，在黃鶴樓東南 240 公尺處，是中國最大的室外花崗岩浮雕。整個雕塑呈紅色，九十九隻仙鶴呈現種種不同的舞姿。浮雕全長 38.4 公尺，高 4.8 公尺，依蛇山山勢呈不等距「Z」形，九十九只不同動態的仙鶴，分布在松、竹、海、靈芝、流水、岩石、雲霞等雕飾中。

無論現在的黃鶴樓還是不是原來那個黃鶴樓，它已經成為人們心中一個永久的意象。登臨黃鶴樓，或是因為「觀其聳構巍峨，高標巃嵸，上倚河漢，下臨江流；重簷翼館，四闥霞敞；坐窺井邑，俯拍雲煙：亦荊吳形勝之最也」（唐閻伯理《黃鶴樓記》）；或是因為「對江樓閣參天立，全楚山河縮地來」，可有「黃鶴知何去？剩有遊人處。把酒酹滔滔，心潮逐浪高」

（毛澤東《菩薩蠻·登黃鶴樓》）的豪邁；亦可有「高檻危檐勢若飛，孤雲野水共依依」（賈島《黃鶴樓》）的憂思。

　　無論因何緣由，有何感慨，登臨黃鶴樓，總可以尋找到千年文化遺留下來的點滴記憶，因為它本身，蘊藏了太多的文化氣息。

第三節　落霞與孤鶩齊飛，秋水共長天一色 —— 滕王閣

　　滕王閣坐落於贛江與撫河故道交匯處，被稱為「西江第一樓」，與岳陽樓、黃鶴樓並稱為「江南三大名樓」。

　　較之岳陽樓和黃鶴樓，滕王閣的建造要晚一些，而且，它建造之初，就是用來宴集賓客和享樂游景的。它的這一用途還要從滕王閣的主人說起。

　　唐高祖李淵的第二十二子李元嬰，在唐貞觀十三年（639年）受封為滕王，受俸祿於山東滕州。由於李元嬰受到宮廷生活的薰陶，他「工書畫，妙音律，喜蝴蝶，選芳渚游，乘青雀舸，極亭榭歌舞之盛」。到滕州後，他大興土木，建造樓閣，令百姓不堪其擾。

　　不得已，皇帝在永徽三年（652年），遷李元嬰為蘇州刺

史，不久又任命他為洪州都督。洪州就是今天的南昌，李元嬰從蘇州帶來一班歌舞樂伎，終日在都督府裡盛宴歌舞。為了滿足驕奢的生活，永徽四年（653 年），他又在瀕臨贛江之處建造樓閣為別居，以作為歌舞享樂之所。由於自己曾是滕王，於是命名此閣為「滕王閣」。

轉眼過去二十餘年，滕王不在了，滕王閣也破敗了。時任洪州都督的閻伯嶼，首次對滕王閣進行了重修，完工之後，攜文武官員歡宴於滕王閣，共慶重陽登高佳節。當然，此次文人雅聚，閻都督是有目的的，他想藉機把他的女婿孟學士推出來。而孟學士也早已經準備了一篇《滕王閣序》。

不過，閻都督還是在宴集時例行謙虛之禮，讓眾賓先即興創作。參與的眾多人士，皆深諳官道，都推託不作。輪到恰巧路過此地而得以與會的王勃，他卻不懂此道，應命而作。閻都督大人甚是不悅，但礙於情面，也不好發作。

雖然王勃被稱為「唐初四大才子」之一，但他卻不像李白那樣可以揮筆立就。他作文有個習慣，就是先喝點小酒，等到微醉之後就蒙頭大睡。當然，他並不是真睡，而是在腹構篇章，等他掀被而起後，揮毫書寫，即成字字珠璣之文。但在這裡，他沒有辦法蒙頭腹構，於是就一邊喝著小酒，一邊慢慢創作《滕王閣序》。閻都督和眾賓客沒有耐心靜坐以待，便都到迴廊處欣賞江景，讓下人隨時稟報王勃的創作過程。

　　過了很久，下人回報說王勃寫出了「豫章故郡，洪都新府」首句，大家都覺得沒有什麼新意。又過了很久，報說寫了「星分翼軫，地接衡廬」，眾人還是沒有發表意見，默不作聲。下人就這麼一次次地回報，等到報說寫了「落霞與孤鶩齊飛，秋水共長天一色」時，閻都督與眾賓客皆拍手稱是天才之筆，遂返閣內，一起看王勃書寫完畢，盡歡而散。

　　滕王閣內的這次雅宴，使《滕王閣序》迅速傳遍大江南北，王勃之才名更是受到眾人佩服，而滕王閣也借此得以聲名鵲起、名揚四海，無人不知江西的洪州有個滕王閣。從此，滕王閣幾乎成了文人的心結，文人們都想到滕王閣一遊，寫下即興的優美詩篇，借滕王閣而傳名。如王勃之外另有王緒的《滕王閣賦》和王仲舒的《滕王閣記》，被稱為「三王記滕王閣」雅事。

　　不僅文人喜歡滕王閣，當地的百姓也都非常看重滕王閣，認為滕王閣是吉祥建築，並有古謠云：「藤斷葫蘆剪，塔圮豫章殘。」、「藤」借諧音指滕王閣，「葫蘆」喻藏寶之物；「塔」指南昌的繩金塔，「豫章」指南昌。這首古謠是說，如果滕王閣和繩金塔倒塌，豫章城中的人才與寶藏都將流失，城市亦將敗落。可見滕王閣在人們心目中的地位之高。與此說相同，關於滕王閣的還有一說：「求財萬壽宮，求福滕王閣。」、「萬壽宮」是為供奉江西地方保護神、俗稱「福主」的

許真君而建的廟宇。

　　雖然滕王閣具有如此重要的地位，它還是在朝代的興衰更替中，不斷地重複著破敗、重修的歷史。

　　宋朝大觀二年（1108 年），滕王閣因年久失修而塌毀，侍郎範坦決定對其重建。重建後的滕王閣，比唐代所建滕王閣的規模更大，在滕王閣的南北兩邊分別增建了「壓江亭」和「挹翠亭」，初步形成了以滕王閣為主體的建築群。憑藉華麗堂皇的形貌和雄偉壯觀的氣勢，此次修建的滕王閣被譽為「歷代滕王閣之冠」。

　　到清代同治年間，滕王閣已經進行過二十八次重建，而這第二十八次重建的滕王閣，於 1926 年被北洋軍閥鄧如琢部縱火燒燬，僅存一塊「滕王閣」青石匾。

　　1942 年，中國建築大師梁思成偕同弟子莫宗江，根據明代項元汴「天籟閣」舊藏的宋宮廷畫〈滕王閣〉，繪製了八幅《重建滕王閣計劃草圖》。1983 年，政府決定在舊址上重建滕王閣，也就是第二十九次重建滕王閣。設計者依據梁思成所繪的《重建滕王閣計劃草圖》，參照宋代李明仲的《營造法式》，設計了一座仿宋式的滕王閣，並在 1989 年 10 月完工。這就是今天我們所目睹的滕王閣。

　　建成後的滕王閣，主體建築淨高 57.5 公尺，下部是象徵

古城牆的分為兩級的 12 公尺高臺座。一級高臺為鋼筋混凝土築體，臺階為花崗石，牆體外貼金星青石。南北兩翼有碧瓦長廊，長廊北端為四角重檐「挹翠亭」，長廊南端為四角重檐「壓江亭」。從正面看，南北兩亭與滕王閣組成了一個聳立的「山」字，俯瞰則似一隻平展雙翅、意欲凌波西飛的巨大鯤鵬。臺座東側牆上刻有韓愈的《新修滕王閣記》。二級臺座與一級臺座共有八十九級臺階，寓意 1989 年完工。在二級高臺的東邊進入主閣的門前，有一尊仿北京大鐘寺八怪鼎的「八怪寶鼎」。

臺座以上的主閣為「明三暗七」格式，即從外面看是三層帶迴廊建築，而內部卻有七層，也就是三個明層、三個暗層，再加上屋頂中的設備層。閣頂為碧色琉璃瓦，勾頭為「滕閣秋風」四字，滴水為「孤鶩」圖案。

由東抱廈入閣，就會看到門兩邊的紅柱上有詩句：「落霞與孤鶩齊飛，秋水共長天一色」，由毛澤東書寫。緊接著，就會看到大廳內的巨幅《時來風送滕王閣》漢白玉浮雕，此浮雕是根據明朝馮夢龍《醒世恆言》中的名篇《馬當神風送滕王閣》的故事而創作，只見中間部分王勃昂首立於船頭，周圍波翻浪湧，右邊為王勃被風浪所阻幸得中源水君相助的情景，左邊為王勃赴滕閣勝會揮毫作序的場景。

滕王閣的第二層是一個暗層，主要是透過壁畫〈人傑圖〉

生動地追憶自先秦至明末的江西歷代名人，此壁畫高 2.55 公尺，長 20 多公尺。

　　第三層是一個迴廊四繞的明層，廊檐的東西南北分別有「江山入座」、「水天空霽」、「棟宿浦雲」、「朝來爽氣」巨型金字匾額，這些均系清順治蔡士英重修滕王閣時所擬匾額。在中廳內，有壁畫《臨川夢》，畫面以灰藍色為基調，取材於湯顯祖在滕王閣排演《牡丹亭》的故事。據說《牡丹亭》劇本完成後第二年（1599 年），湯顯祖首次在滕王閣上排演了這齣戲，開創了滕王閣上演戲曲之先河。東廳陳列有「鑾駕」禮器，西廳是「古宴廳」，有「臨江一閣獨秀」匾和《唐伎樂圖》，畫面著力塑造了三位唐代舞伎表演《霓裳羽衣舞》的情景。南廳為江西工藝品展廳。

　　與第二層相同，第四層也是一個暗層，透過正廳牆壁上的〈地靈圖〉，集中反映了江西名山大川自然景觀精華。

　　第五層是迴廊四繞的明層，也是登高覽勝、披襟抒懷、以文會友的最佳之處。廊檐東南西北分別有「東引甌越」、「南溟迴深」、「西控蠻荊」、「北辰高遠」金匾，皆出自《滕王閣序》。東廳有滕王閣規劃全景模型、〈吹簫引鳳圖〉和〈西山待渡圖〉。東廳的兩側為「翰墨」、「丹青」二廳，有江澤民書寫的「落霞與孤鶩齊飛，秋水共長天一色」、李鵬書寫的「高閣重臨江渚，層樓再出雲天」、鄧力群書寫的「長江三樓，一樓

勝過一樓」等墨寶。中廳有用黃銅板製作、蘇東坡手書的王勃《滕王閣序》碑。西廳有磨漆畫〈百蝶百花圖〉。

第六層是滕王閣的最高遊覽層，東、西重檐之間有蘇東坡手書「滕王閣」金匾各一塊。雖然此層是一個暗層，但中廳南北角重檐間的牆體改成了花格窗，光線極好，與明層無異。且從臺座之下的底層算起，這一層實為第九層，所以大廳掛有「九重天」題匾。大廳中央有漢白玉圍欄通井，可俯視第五層，其上方為一圓拱形螺旋式藻井，寓含天圓地方之意。藻井中央懸掛有「母子」宮燈，宮燈隨氣流變化不停地微微轉動。大廳南北東三面牆上，嵌有大型唐三彩壁畫《大唐舞樂》。西廳為「仿古展演廳」，是一座小型戲臺，戲臺上陳列有極為珍貴的古樂器復製件，寓歌舞興閣之意。

不過，除了以上所講的江西南昌滕王閣外，在四川省閬中市，也有一座滕王閣。因為滕王李元嬰驕橫奢華，在各地都招致非議，因而一再被調任。高宗調露元年（679年），他調任隆州都督，隆州即今四川省閬中市。到任後，他嫌衙署簡陋，於是在城中建「隆苑」（玄宗時改「閬苑」），在城北3.5公里的玉臺山建玉臺觀和滕王亭。清朝以來，人們將滕王亭和玉臺觀合稱為「滕王閣」。

此閣在1986年至1987年得以修繕，是一座唐代風格的歇山式雙垂檐屋頂的王宮式建築，坐北朝南，疊級屋臺之

上，樓上樓下二十四根朱紅大立柱，頂著兩層檐的大屋頂，
巍然屹立，氣勢宏大，富麗堂皇。閣前聳立一石舍利塔，建
造於西元4世紀，呈魚狀，高八公尺。無論從哪個角度看去，
這塔都是斜的，因此被專家稱為「唐代斜塔」。閬中滕王閣得
到了唐朝大詩人杜甫的青睞，他兩次游閬中，多次登臨滕王
亭，皆賦詩，留下了《滕王亭子》、《玉臺山》等名篇。不過，
閬中滕王閣的名氣，還是稍遜於南昌的滕王閣。

第四節　食薦四時新俎豆，書藏萬卷小琅 —— 海源閣

　　翻查明代的文化歷史，就會發現這樣一個事實：江浙的
私人藏書遠遠多於北方，甚至於在北方找不到一個可以提得
起的藏書家。這種情形一直持續到清代中期，直至北方的
聊城出現了一座二層小樓，才改變了中國私家藏書的分布格
局，形成了南北各占半壁江山的局面。這座二層的小樓，就
是海源閣。

　　海源閣的第一任主人叫楊以增。楊以增（1787～1855
年），字益之，又字至堂。從小聰慧機敏。其父楊兆煜曾任
即墨教諭，在教育上採用宋初胡安定的「蘇湖教法」，非常成

功。當然，他也把這套方法用在了自己兒子的教育上。楊以增也可謂是「平生無他嗜，一專於書」，勢必造就了楊以增的不平凡。

道光二年（1822 年），楊以增考中了進士，隨即被任命為貴陽知縣。從此楊以增開始了大江南北的為宦歷程，也開始了他到處閱讀、查找好書的歷程。1838 年，他的父親楊兆煜去世，按照當時禮制，楊以增必須卸職回家守孝。在守父喪期間，他的繼母趙夫人也去世了。

守喪期間，他發現父親積攢下來的書和自己購買的書，很多都是非常珍貴的本子，於是就籌劃要為這些書建造一座專用的書樓，他把大部分的積蓄拿出來，在友人的幫助下，於道光二十年（1840 年）建成了自己的藏書樓，並題名曰「海源閣」。

海源閣位於楊氏宅院第三進院落的東跨院內，為坐北朝南的三間二層舊式樓房。一層為楊氏家祠，二層存放楊以增與其父收藏的宋、元珍本圖書。在二層朝南的樓檐正中，懸掛著楊以增親筆「海源閣」匾額，白底藍字，旁邊有跋語曰：「先大夫欲立家廟未果，今於寢東先建此閣，以承祀事。取《學記》『先河後海』語，額曰『海源』，蓋寓追遠之思。並仿鄞縣范氏以『天一』名閣雲。時道光二十年歲次庚子亥月中浣，以增敬書並識。」鈐有「楊以增印」和「至堂」陽文篆字印

章兩方。在海源閣一層門兩邊的柱子上有一副楹聯，其曰：
「食薦四時新俎豆，書藏萬卷小琅嬛。」俎豆為祭祀之器皿，
引申為祭祀、祭拜；琅嬛為傳說中的仙境，也是神仙藏書之
地，這副對聯巧妙地蘊含了此樓為族祠和藏書樓合二為一建
築的意思。

海源閣前有東、西兩廊和兩座讀書亭，全部為門窗木欄
長廊式結構，空間較為寬敞，可容數人於內讀書。由於海源
閣二層存放的多是為宋、元珍本圖書，明、清時期的圖書，
則另有存放之地。從海源閣樓下東部的過道往後走，就可進
入第四進院。此院有北廳五間，東西房各三間，在這個院落
內，主要收藏的就是明、清時期出版的圖書。

透過匾額上的跋語可知，楊以增之所以把藏書樓命名為
「海源閣」，是寓有深意的，不僅表明不忘祖，而且表達了學
者應「涉海而探源，知源之所出也」的觀點。關於這一點，他
的好友梅曾亮也曾在《海源閣記》中說過：「流之必至於海也，
勢也。學者而不觀於海焉，陋矣。」正是抱著這樣的心態，楊
以增命名藏書樓，並以之作為讀書、藏書的箴言。

不過，剛建好的海源閣，名氣並不大，還不能與江南的
藏書樓相媲美。楊以增真正使海源閣名聲大噪，是在他於
1848 年任江南河道總督後。

　　清朝末年，經濟衰敗，政府軟弱無力，整個中國處於內憂外患的狀態。特別是 1840 年發生鴉片戰爭後，這時的江浙，也受到了極大的影響，而那些藏書家，很多都難守祖上所收藏的圖書。其中就包括蘇州有名的「藝藝書舍」。

　　藝藝書舍的主人汪士鐘，字閬源，家資甚厚，又痴迷於書。他曾在廳內懸掛一副對聯：「種樹以培佳子弟，擁書權拜小諸侯。」憑藉著雄厚的家產，汪士鐘把當時江南著名的四大藏書家黃丕烈、周錫瓚、顧之逵、袁廷檮的藏書都挪移到了藝藝書舍，自己也成為江南首屈一指的大藏書家。對於其收藏，與他同時代的大學者阮元有過描繪，稱其「萬卷圖書皆善本，一樓金石是精摹」。

　　道光末年至咸豐初年，藝藝書舍的藏書也開始陸續散出，走向衰敗。這時，在江南做河道總督的楊以增得知後，搶先購買了藝藝書舍的眾多珍本、善本圖書，裝船運送到了他的海源閣。正是這次大量購書，使得海源閣名聲大振，改變了原來中國私家藏書的分布格局。此後，在藏書的數量與珍貴程度方面，楊以增的「海源閣」與江南瞿鏞的「鐵琴銅劍樓」並肩，被稱為「南瞿北楊」。

　　以後，海源閣傳到楊以增的兒子楊紹和手裡，楊紹和就成了它的第二任主人。楊紹和考中進士後，一直在京任職，雖然不能如其父南北各處任職，可以收購各地珍貴圖書，不

過他也是盡心盡力地留意購求稀見圖書。特別是當北京的樂善堂藏書流出時，他果斷出手，購買了一百餘種精善圖書。要知道，樂善堂可是「大樓九楹，庋藏滿溢」，曾把徐乾學「傳是樓」藏書和季振宜的藏書收於堂內。楊紹和從樂善堂收到的這些善本，更增大了海源閣的名聲。

就海源閣的藏書，清末詩人葉昌熾曾在《藏書紀事記詩》中說：「四經四史同一齋，望洋向若嘆無涯。稽天始有逢原樂，此事難教語井蛙。」它豐富的藏書，讓眾多讀書人、愛書人欣羨，雖不能坐擁此閣內藏書，也想一睹風采。其中就包括我們熟知的《老殘游記》的作者劉鶚。他在光緒十七年（1891 年），想到海源閣看看那些精美而珍貴的圖書，卻沒能如願。據說他在聊城待了好長時間，還是沒有被允許入閣查閱。劉鶚最後氣憤地離開，並留下一首詩：「滄葦遵王士禮居，藝藝精舍四家書。一齊歸入東昌府，深鎖瑯嬛飽蠹魚。」

這首詩的意思是說，季振宜、錢曾、黃丕烈、汪士鐘四家的藏書，都被收藏到了東昌府的海源閣，而海源閣卻從不讓人進入閱讀，只是讓這些珍貴的圖書被書蟲啃蝕。劉鶚的心情，是可以理解的。他所說海源閣不讓人進入閱讀之事，也確有其事。海源閣有著嚴格的規定，書閣不準僕人、外人、族人或親戚進入，也不準借閱。

當然，這也是無奈之舉。光緒九年（1883 年），楊以增的

孫子楊保彝曾把所藏非常珍貴的明刊藍印本《墨子》，借給了潘伯寅，但是直到潘伯寅去世，也沒有歸還，且不知下落。這令楊保彝非常痛心，也是他下定決心藏書再不外借的原因之一。

不過，雖然海源閣的圖書不外借，還是招來了一些人的垂涎，想方設法地侵吞楊傢傢產。如聊城知縣陳香圃，他托請當地名紳周蔭泉斡旋，要求楊家把藏書獻出；袁世凱的長子袁克定，想把海源閣的珍、善圖書據為己有。好在這些劫難都在海源閣第四任主人楊承訓母親的機智應對下，巧妙地躲過了。但是，清末和民國初年的局勢實在太亂了，海源閣也無可避免地遇到了一次次災難。

1928 年，西北軍第十七師馬鴻逵部占據聊城，海源閣的藏書受到了很大威脅。當時楊承訓在天津，得到消息後，他祕密回到聊城，趕製書箱，把一些非常珍貴的圖書裝了十幾箱運到天津保存。這批圖書現藏於國家圖書館。

隨後，近乎毀滅性的災難來臨。1929 年 7 月，土匪王金發攻入聊城，把楊家宅院當作司令部，海源閣內的藏書、金石、名畫等，遭到了殘酷的損壞。當時的土匪除了把值錢的東西拿走，還無知地把一些珍貴古籍用來當枕頭、擦煙袋、點火等。1930 年春，王金發再次攻入聊城，狂洗海源閣達八個月之久。經過兩次劫難的海源閣，藏書損失難以估計。

　　經過洗劫後的海源閣，其殘存圖書被楊承訓集中運至濟
南存放，後來又轉運至北京。現在這批圖書藏於山東省圖書
館。此後，只要有軍隊進入聊城，都會把司令部設在楊宅，
海源閣一次次遭受蹂躪。1966 年，海源閣作為「四舊」，被徹
底拆除。

　　1992 年 10 月，聊城市政府在海源閣的舊址上，對海源
閣進行了重建。新建的海源閣，按照原來的建築樣式進行建
造。還是上下兩層的單檐歇山式閣樓，青磚灰瓦，紅漆梁
柱。海源閣和配房都是磚木結構，有木製花櫺子門窗，前有
廈檐。在海源閣前有楊以增先生紀念像一尊。在大門兩側，
有胡喬木題寫的「一人致力萬人受惠，四代藏書百代流芳」楹
聯。內設《海源閣發展史陳列》展覽，展覽分為三個展室，包
括前言、時代背景、藏書概況、藏書興起、藏書發展、藏書
管理、地位與貢獻、重新振興、名家題贈等九個部分。

　　如今，以海源閣為主體，形成了一個建築群，建設成了
一座現代化的綜合性圖書館 —— 海源閣圖書館。這座以圖書
為珍寶的知識寶庫，將在新的歷史時期，繼續發揮它的文化
價值。

第五節　玉軸牙籤頻自檢，鐵琴銅劍亦兼儲
── 鐵琴銅劍樓

　　鐵琴銅劍樓是一座極負盛名的藏書樓，位於江蘇常熟市區以東十餘公里的古裡鎮。這座藏書樓與聊城的海源閣齊名，並稱為「南瞿北楊」。「南瞿北楊」兩座藏書樓，又與歸安陸心源的「皕宋樓」、錢塘丁申和丁丙的「八千卷樓」，合稱為清代四大著名藏書樓。

　　鐵琴銅劍樓為瞿紹基建於清乾隆年間，起初並不叫此名。瞿紹基（1772～1836年），字厚培，號蔭堂。江蘇常熟人，廩貢生，以明經選授廣文，但任職後旋即歸隱。受其父影響，他酷愛讀書、藏書。對此，黃廷鑒在《恬裕齋藏書記》中曾記述瞿紹基：「一試職即歸隱，讀書樂道，廣購四部，旁搜金石。歷十年，積書十萬余卷，昕夕窮覽，嘗繪《檢書圖》以寓志」。瞿紹基為藏書樓起名「恬裕齋」，取《書經》中「引養引恬，垂裕後昆」之句。

　　在常熟陳氏「稽瑞樓」、張氏「愛日精廬」兩個藏書樓的藏書散出時，瞿紹基購買了一批稀見的宋元善本，遂使得恬裕齋藏書冠於吳中。後來，瞿紹基的兒子瞿鏞又收藏了鐵琴一張、銅劍一把。鐵琴為唐代遺物，木質鐵衣，銅劍不知為

何朝遺物。不過瞿氏父子都非常喜愛鐵琴、銅劍，並因此將藏書樓改名為「鐵琴銅劍樓」。現「鐵琴」藏於國家圖書館，而「銅劍」則於咸豐、同治年間遺失，至今下落不詳。

　　鐵琴銅劍樓是兩座前後相連的兩層三楹的樓房，皆坐北朝南，面闊 8.87 公尺，進深 6.65 公尺。樓的結構為垂檐硬山造，採用迭落山牆，也就是江南所謂的馬頭牆。下檐雕有精巧的夔龍紋撐拱。前樓樓下為讀書處，此樓所藏之書多為鄉邦文獻和一些不太珍貴的宋元明刻本及舊鈔批校諸書。後樓樓下為瞿氏祠堂，並藏有金石書畫，樓上藏有鐵琴、銅劍和非常珍貴稀見的宋元刻本。兩座樓中間隔有小天井。

　　這麼一處具有典型江南建築風格的樓房，之所以能夠在文化史、圖書史上占據重要的地位，顯然不是由於其建築本身，而是由於它收藏的稀世珍本圖書，還有鐵琴、銅劍、金石和古畫等。

　　瞿鏞是鐵琴銅劍樓的第二位主人，他與其父有著相同的嗜好 ── 藏書和收藏。他和海源閣的主人楊以增，幾乎平分了汪士鐘藝藝書舍的宋元舊刊精品，使得鐵琴銅劍樓的珍稀圖書急遽增加，其藏書規模和水平也因此達到了頂峰。對此，他曾有《望江南》數闋記之，其中兩闋云：

　　吾廬愛，藏弆一樓書。玉軸牙籤頻自檢，鐵琴銅劍亦兼儲。大好似仙居。

　　吾廬愛，金石閣中藏。漢印百枚繆篆古，唐碑千種墨花香。清閟可相當。

　　於此可見，他對於自己的藏書樓，是非常滿意的，喻之以「仙居」，並且，對於藏書樓所收藏的金石、漢印、唐碑，也甚為自負，自稱可比得上倪瓚的清閟閣。

　　鐵琴銅劍樓的第三任主人是瞿秉淵、瞿秉清昆仲二人。對於這兄弟倆，翁同龢在《題瞿浚之〈虹月歸來圖〉》中贊稱「更承先志，旁搜博采」，而二人最大的貢獻仍在於藏書。此二人生活的年代正處於太平天國運動興起時期，常熟受戰亂殃及，鐵琴銅劍樓的圖書當然也難逃一劫。兄弟二人四年內，七次轉移所藏圖書，使得所藏圖書多倖存。並且，在戰亂過後，二人不惜重金購回散出的藏書，甚至有遺命曰：「如遇舊物，雖破產贖之，宜也，非過也。」這是針對鐵琴銅劍樓的鎮樓之寶《廣成先生玉函經》說的。

　　《廣成先生玉函經》為唐代杜光庭所著，是一部有關脈學醫理的著作，重點闡析脈證關係以及脈象的生理、病理情況。鐵琴銅劍樓所藏為宋刻本，據著名藏書家、版本目錄學家黃丕烈考證，《廣成先生玉函經》是稀世罕見的醫學古籍。

　　瞿氏是在黃丕烈的士禮居藏書散失時得到《廣成先生玉函經》的，一直將它看作僅次於鐵琴、銅劍的鎮樓之寶。但是，

它卻在戰亂中被人竊去。可以想像瞿秉淵、瞿秉清二兄弟當時如刀割般的心情，二人想方設法尋找此書的下落，直至謝世都未找到，故在臨終時才有此遺命。直到 1901 年夏天，瞿秉清的兒子瞿啟甲得到此書的消息，用重金將它購回，完成了父輩的遺願。

瞿啟甲（1873～1940年）是鐵琴銅劍樓的第四位主人，字良士，別號鐵琴道人。他對於鐵琴銅劍樓的貢獻與父輩一樣，也是堅守藏書。

清宣統年間，兩江總督端方非常想得到鐵琴銅劍樓的稀世藏書，他就串通張之洞，以成立學部圖書館為名，威逼瞿啟甲把書捐獻出來。他去信說：「聞說鐵琴銅劍樓藏書富甲海內，獨執牛耳，至宋元精槧，一切孤本，君多有之，而為大內所無……意欲以三品京堂，三十萬銀帶，易君藏書十之一二。」

面對這樣的威逼利誘，瞿啟甲毫不動容，嚴詞峻拒。不過好友們都勸他，怕有不測發生，最後他以復抄本一百餘種上交，才算應付過去。對於此事，繆荃孫後在《華亭韓氏藏書記》中評價說：「鐵琴銅劍樓巋然獨存，為吳中第一大家，而瞿良士兢兢保守，不為勢屈，幸而得存。」

「民國」十三年（1924年）冬，各路軍閥混戰，瞿啟甲為

了不使藏書遭殃，及時將藏書冒險轉移到上海，在上海租房專門儲藏圖書。在抗日戰爭爆發後，原來租的房子也不安全了，於是，瞿啟甲又在外國租界內租房，以求圖書免於日軍無情的戰火。但是，運送到上海的圖書畢竟只是一部分，還有一部分留藏於常熟。「民國」二十六年（1937 年）秋，在常熟的一千多種、三千多冊書籍，都毀於戰火。守書數十年的瞿啟甲，深知守書的不易與艱辛，臨終遺命曰：「書勿分散，不能守則歸之公。」

鐵琴銅劍樓的第五代主人是瞿濟蒼、瞿旭初、瞿鳳起，藏書樓傳到他們手裡時，時代已經不同了。1949 後，瞿鳳起遵照父親的遺願，兄弟三人商量後決定，將鐵琴銅劍樓藏書分四次捐獻給北京圖書館，據統計有五百九十五種、四千餘冊，其中有二十種宋元明善本屬於「國之重寶」，還有二百四十二種兩千五百零一冊被列入《北京圖書館善本書目》。瞿鳳起與姪子瞿增祥還向常熟市圖書館捐贈藏書九百九十三、種三千三百六十六冊，另外把藏於上海的圖書捐贈給了上海圖書館，同時還向北京圖書館、上海圖書館和常熟市文管會分別捐贈了一些字畫古玩，終於使家藏的珍貴圖書都得到了妥善安置，發揮了藏書供人閱讀的價值。

鐵琴銅劍樓的藏書，不像海源閣那樣被束之高閣，而是一直都是允許他人閱讀的。如果有人希望閱讀鐵琴銅劍樓的

藏書，主人會非常歡迎，並給讀書人專門找一個閱讀的房間，並免費供應茶飯。有此傳統，真是令很多讀書人甚為感激。不過，樓內的藏書只准閱讀，不許借走。

瞿氏住宅建築，都先後破敗，或是遭殃於戰火，唯獨鐵琴銅劍樓歷經二百餘年的歷史，冥冥中似有神護，一直巋然獨立，成為清代四大著名藏書樓中唯一完好保存下來的藏書樓。

不過，由於年代久遠，鐵琴銅劍樓出現了地面牆體潮濕、木柱蟲蛀、油漆剝落、望磚酥鹼等問題。對此，中國分別在 1986 年、1991 年和 2002 年三次撥專款進行了修繕。在 2007 年，又第四次對鐵琴銅劍樓進行修繕，修繕包括恢復藏書樓和瞿氏大院，同時建造了瞿氏後花園和遺址公園。修建後的鐵琴銅劍樓紀念館，展示了鐵琴銅劍樓原貌，以及樓主複製書籍等推動文化傳承和發展的過程，再現了樓主在戰爭時期冒著生命危險護書藏書的艱難歷程。

第六章　書院遺蹟

唐明皇李隆基曾有一首詩，其題云「集賢書院成，送張說上集賢學士，賜宴得珍字」，於此題可知，他是在集賢書院建成時，與大臣宴飲作詩時，創作了此詩。從這首詩的首句「廣學開書院，崇儒引席珍」來看，唐明皇是非常認可書院的。那麼，書院是什麼時間出現的呢？

元代歐陽玄在《貞文書院記》中說：「唐宋之世，或因朝廷賜名士之書，或以故家積書之多，學者就其書之所在而讀之，因號為書院。及有司設官以治之，其制遂視學校⋯⋯」於此可見，歐陽玄認為書院出現於唐朝，並且是因為有人藏書多了，沒有書的人就到其藏書地看書，漸漸地就形成了書院。等到形成一定規模後，政府也參與了進來，並擬定了如同學校一樣的規制。

不過，與歐陽玄不盡相同，清代詩人袁枚在《隨園隨筆》中說：「書院之名，起於唐玄宗時，麗正書院、集賢書院皆建於朝省，為修書之地，非士子肄業之所也。」袁枚認為「書院」一詞在唐代就產生了，不過不是學習的地方，而是政府用來修書的地方。

無論他們兩人誰說得更接近史實，今天書院已經成為過去時，早已被現代化的學校所代替。因此，那曾經培育出眾多思想家、學者的書院院址，也成了遺蹟。

第一節　三湘雋士講研地，四海學人嚮往中 ── 岳麓書院

　　岳麓書院位於湖南省長沙市岳麓山東側，緊鄰湘江，是中國四大著名書院之一。

　　書院所傍之岳麓山，自古就是文化名山。在唐代以前，人們就不斷在此山建立寺觀，作為傳教活動場所，如萬壽宮、崇真觀等。東晉時期的著名文人陶淵明，就曾建「杉庵」於此，作為讀書之所。到了唐代，馬燧建造的「道林精舍」，成為文人讀書修業的地方。至唐末五代，僧人智璇開始在此建設書屋辦學，這樣，岳麓書院的雛形就形成了。

　　北宋開寶九年（976 年），朱洞任潭州太守，於是就在智璇所建書屋的舊址上進行擴建，創立了岳麓書院。這時的書院已經頗具規模，有講堂五間，齋舍五十二間。咸平二年（999 年），李允則任潭州太守，對岳麓書院進行了再次擴建，增加了書樓、禮殿，形成了書院講學、藏書、供祀的基本規制，這種規制一直延續至清末。

　　不過，這時的岳麓書院名聲並不是很大。北宋大中祥符八年（1015 年），由於宋真宗對書院的教育非常滿意，於是便親自召見山長周式，並賜御筆「岳麓書院」匾額。皇帝過問並

賜御筆，一下子就使岳麓書院全國聞名了。

當然，岳麓書院之所以出名，還是由於它歷屆的山長、教授都是真才實學者，能夠真正踐行「傳道、授業、解惑」的師者之道，學生在此也有所收穫。

岳麓書院的山長，相當於現在學校的校長。「山長」一詞最早見於《荊湘近事》：「五代蔣維東隱居衡岳，受業者號曰山長。」之後，就一直沿用了下來。從設立起至清末，岳麓書院共有五十五位山長，個個皆是識博學廣德厚之士，如周式、張栻、歐陽守道、羅典、王先謙等。

岳麓書院的這些山長中，應屬南宋的張栻最為知名，傳說朱熹來訪時，兩人竟然論學三天三夜而沒有中斷，被傳為學界盛事。兩人論學後，都稱受益良多，此後前來受學的人，更是擦肩接踵。甚至有人稱，當時來聽二人論學的人所騎之馬，曾把飲馬池內的水給飲乾了。

張栻與朱熹還經常一起觀看日出，看到那美得無以形容的自然景象時，都心潮澎湃，二人遂將觀日處命名為「赫曦」。並且為了紀念此雅事，特建「赫曦臺」。

張、朱兩人的這次論學，首開岳麓書院的論學之風，同時也成就了湖湘學派，使得此學派得以迅速發展，以至鼎盛。所謂湖湘學派，就是以張栻為代表的地域性儒家學派。

也許是朱熹與岳麓書院有緣，二十七年後，他被任命為湖南安撫使，於是他再次來到潭州，重整岳麓書院的教學秩序，頒行《朱子書院教條》。朱熹白天處理政務，晚上就到書院講學，使得他所倡導的理學得到了極大的傳播，也使得岳麓書院再次進入繁盛時期。

由於明代前期統治者奉行「治國以教化為先，教化以學校為本」的政策，重視官學而不倡導書院，於是岳麓書院一直處於辦辦停停的狀態。到明宣德年間（1426～1435年），岳麓書院在地方官的主持下，才得以重修，第一次將主體建築集中在中軸線上，奠定了現存書院的建築格局。

正德二年（1507年），岳麓書院迎來了一位重要人物，他就是王守仁。雖然王守仁只是被貶路經岳麓書院，但書院師生對於真知的渴求，是不會因他的遭貶而有所消減的。於是，王守仁就開始在岳麓書院這塊教育寶地，宣講學理與對事物的認識，這使得他的陽明心學得到傳播，也令岳麓書院的學子受益匪淺，岳麓書院迎來了繼朱熹講學之後的第二個高潮。

至清朝，雖然順治帝要求「不許別創書院」講學，但是對於湖南巡撫彭禹峰恢復岳麓書院的教學，順治帝並沒有給予懲罰。此後，康熙和乾隆兩位皇帝對岳麓書院更是肯定有加，分別御筆親書「學達性天」和「道南正脈」匾額贈予書

院，鞏固了岳麓書院在全國書院中的地位。

　　作為著名的民間教育書院，岳麓書院有著自己的條例和準則。乾道三年（1167 年）朱熹來講學時，手書「忠」、「孝」、「廉」、「節」，這三字就成了岳麓書院當時的院規；第二次朱熹來講學時，則明確頒布了《朱子書院教條》。乾隆十三年（1748 年），山長王文清手定《岳麓書院學規》，其稱：

　　「時常省問父母；朔望恭謁聖賢；氣習名矯偏處；舉止整齊嚴肅；服食宜從儉素；外事毫不可干；行坐必依齒序；痛戒訐短毀長；損友必須拒絕；不可閒談廢時；日講經書三起；日看綱目數頁；通曉時務物理；參讀古文詩賦；讀書必須過筆；會課按時蚤完；夜讀仍戒晏起；疑誤定要力爭。」

　　乾隆二十二年（1757 年），山長歐陽正煥又提出了「整」、「齊」、「嚴」、「肅」四字院訓，並刻碑嵌壁。

　　清末，由於時代變化，書院的教育規制也有所改變。如學科設置方面，增加了翻譯學、算學等。光緒二十九年（1903 年），岳麓書院被湖南巡撫趙爾巽奏廢，與湖南省城大學堂合併為湖南高等學堂，1912 年改為湖南高等師範學校，1917 年改為湖南公立工業專門學校，1926 年與其他兩校合併為湖南大學。今天，岳麓書院成為湖南大學的一個獨立學院，繼續在現代化的教育體制下發揮其培養人才的優秀傳統，是一所

罕見的「千年學府」。

　　從北宋岳麓書院建立至今，其建築經歷過七次大的重修，數十次小修。可以說，如果沒有人們對岳麓書院教育的肯定，岳麓書院早就消失無蹤了。今天我們所看到的岳麓書院，是 20 世紀 80 年代修繕過的。不過，現在的岳麓書院基本上保持了明代的規劃布局，且有許多建築是明清時期所建。

　　岳麓書院的建築群，可以分為教學、藏書、祭祀、園林和紀念五大格局。

　　教學樓建築主要有大門、二門、講堂、講學齋、半學齋等。大門門額的「岳麓書院」四個大字，是宋真宗所題，楹聯「唯楚有材，於斯為盛」，分別出自《左傳》和《論語》。講堂是書院的核心，其內有康熙與乾隆御賜匾額和一些彌足珍貴的碑刻。教學齋和半學齋是講堂兩旁的南北二齋，為光緒二十九年（1903 年）書院改學堂時所建並命今名。

　　藏書建築主要為御書樓，位於講堂的後面。在建書院之初，就有藏書樓，在得到宋真宗賞賜圖書後，遂更名為「御書閣」，在元代和明代，亦稱為「尊經閣」。清代康熙年間，岳麓書院的藏書樓已經破敗，巡撫丁思孔從朝廷請得《十三經》、《二十一史》等書籍後，就建設了這座御書樓。清代中期它成為一座大型民間圖書館，藏書達一萬四千一百三十卷。

　　祭祀建築主要有文廟、濂溪祠、四箴亭、崇道祠、六君子堂、船山祠等。文廟在書院的左側，為一個獨立院落，由照壁、門樓、大成門、大成殿、兩廡、崇聖祠、明倫堂等組成，此格局形成於明天啟四年（1624年）。濂溪祠是專門祭祀周敦頤的祠廟，內懸「超然會太極」匾。四箴亭是祭祀程顥、程頤二兄弟的祠廟，內有清朝鐫刻的《視》、《聽》、《言》、《動》四箴碑。崇道祠又稱朱張祠，是祭祀朱熹、張栻的祠廟。六君子堂是祭祀朱洞、李允則、周式、劉珙、陳鋼、楊茂元的祠廟。船山祠是祭祀王夫之的祠廟，由於王夫之晚年居衡陽石船山，世人皆稱其為船山先生，故名為船山祠。

　　園林建築主要有麓山寺碑亭、百泉軒、碑廊、自卑亭等。麓山寺碑亭位於園林南側，其內麓山寺碑在中國現存碑刻中占有重要位置。它由唐開元十八年（730年）著名書法家李邕撰文、書寫並鐫刻，因文、書、刻三者俱佳，故有「三絕碑」之稱。碑側、碑陰還有宋代大書法家米芾的題刻。百泉軒處岳麓書院風景絕佳之地，歷代山長皆喜在此居住。朱熹首次來講學時，與張栻於此論學而不知倦，達三晝夜而未休。碑廊中的朱熹手書「道中庸」、「極高明」的石碑，價值極高。自卑亭原為供行人歇足所用，名源《中庸》：「君子之道，譬如遠行，必自邇；譬如登高，必自卑。」

　　紀念建築有赫曦臺、時務軒、山齋舊址、杉庵等。赫

曦臺前面曾提及，不過現存已不是當時張栻所建，清乾隆五十五年（1790 年），山長羅典在原址空曠處建前亭，後改名「櫺檯」。道光元年（1821 年），山長歐陽厚均發現赫曦遺碑，改「櫺檯」為「赫曦臺」。時務軒是為紀念清末維新派創辦時務學堂所建造的。山齋舊址是紀念朱熹首次來講學時寓居之所的建築，匾額為山長歐陽厚均題寫。杉庵是為紀念陶淵明曾讀書於此的建築。據稱，陶淵明構庵於此，庵前植杉樹，人就稱其為杉庵。

如今，這座千年的學府，依然絃歌不絕，在瀟湘文化、書院文化、宋明理學等傳統文化的研究與教育方面都有著卓著的成果，真正地成為「三湘雋士講研地，四海學人嚮往中」的高等學府。

第二節　白鹿無言思故主，古松有色朗新聲 —— 白鹿洞書院

白鹿洞書院，位於江西九江市廬山五老峰南麓。這座中國歷史上第一所完備的書院，並沒有如岳麓書院一樣隨著時代的發展，實現華麗的變身。它在今天已失卻學院的教育價值，僅是作為一處文化遺蹟留存。

白鹿洞書院也歷經了千年的歷史，據《白鹿洞志》載：

「白鹿洞者，唐李渤讀書處也。貞元中，渤與涉隱廬山，蓄一白鹿甚馴，嘗隨之，人稱白鹿先生。寶歷中，渤為江州刺史，就今書院地創臺榭，引流植花，遂以白鹿名洞。」

可見，白鹿洞原為李渤出仕前與其兄李涉的讀書處。由於其地形山峰迴合，猶如洞形，李渤重遊故地時，為了紀念那只常與他相隨的白鹿，故名之為「白鹿洞」。

五代南唐升元四年（940年），為了利用這塊文化寶地，政府在白鹿洞建設學館，時稱「廬山國學」或「白鹿國學」，與南京的國子監齊名。北宋初沿用此館，並在太平興國二年（977年），贈送國子監刊印的《九經》供其使用。宋仁宗皇祐五年（1053年），郎中孫深在白鹿洞建房十間，供弟子居住和讀書，同時接待前來求學的各地士子，供給膳食。孫深稱之為「白鹿洞之書堂」，不久後又改名為「白鹿洞書院」，一直沿用至今。

不過白鹿洞書院影響一直不大，孫深所建院舍，在宋皇祐末年（1054年）春，終毀於兵火。並且，這時政府特別提倡官學，而不倡導書院教育。白鹿洞書院就一直被冷落著，直至它迎來了朱熹，才迎來了它的鼎盛。

南宋淳熙六年（1170年）三月，朱熹以祕書郎身分出任南康（今廬山市）軍州事。他到南康後，看到白鹿洞書院房舍

已經破敗不全，只能透過地基石來廓清書院之前的規模與布局。然而，這裡「無市井之喧，有泉石之勝」，確是讀書、著述、講學的難得之地。

也許對這位儒學大師觸動更多的，是廬山一帶「老佛之居以百十數，中間雖有廢壞，今日鮮不修葺。獨此一洞，乃前賢舊隱，儒家精舍，又蒙聖朝恩賜褒顯」，「儒者舊館只此一處，既是前朝名賢古蹟，又蒙太宗皇帝給賜經書，所以教養四方之士，德意甚美。而一廢累年，不復振起，吾道之衰既可悼懼。」對於此種現象，宋代詩人趙蕃（1143 ～ 1229 年）有詩《從元衡借廬山記偶成》云：「山南山北富深幽，羽服方袍占上頭。吾道才余白鹿洞，寂寥幾載有新修。」這樣的局面，對於以振興儒學為己任的朱熹，怎能容忍呢！

於是，他馬上著手白鹿洞書院的修復之事。淳熙七年（1180 年）三月修復完成後，朱熹率領官吏、書院師生來到書院，祭祀先師先聖，舉行開學典禮，升堂講說了《中庸》首章並欣然寫下了「重營舊館喜初成，要共群賢聽鹿鳴」的詩句。

從此，朱熹親任洞主，並執教講學。為了能把書院辦好，他還特別制定了《白鹿洞書院揭示》：

「熹竊觀古昔聖賢所以教人為學之意，莫非使之講明義理，以修其身，然後推以及人。非徒欲其務記覽，為詞章，

以釣聲名，取利祿而已也。今人之為學者，則既反是矣。然
聖賢所以教人之法，具存於經。」

　　在日常的書院講學中，朱熹完全摒棄了章句、利祿之
學，從義理辨析出發，闡發理學思想的精髓，並且邀請同自
己觀點相左的大哲學家陸象山前來講學，相與論辯，成為白
鹿洞書院盛事。自此，白鹿洞書院可謂「一時文風士習之盛濟
濟焉，彬彬焉」。

　　綜觀朱氏的學規，甚是簡明扼要，共分為「教之目」、「學
之序」、「修身之要」、「處事之要」、「接物之要」五個方面。不
過無一條是講如何謀取功名的，如「教之目」為：「父子有親，
君臣有義，夫婦有別，長幼有序，朋友有信」，主要是講與人
相處的原則。朱氏的學規對白鹿洞書院影響甚大，直接把其
教育從低谷推至鼎盛。這時的白鹿洞書院，正如宋人錢聞詩
在《白鹿洞書院》中所云：「錫名有旨感皇明，百載荒基一日
營。白鹿雖無歸洞跡，青衿猶有讀書聲。」

　　朱熹的教育措施不僅影響著白鹿洞書院，也在他第二次
去岳麓書院時得以推行，並使得岳麓書院再次興盛，成為南
宋以後中國封建社會七百年書院辦學的樣本。而且，這些教
育措施，也影響到了鄰國朝鮮，如在朝鮮李朝世宗時期，其
《世宗實錄》載，世宗二十一年，成均主簿宋乙用想讓政府在
各個官學校明立學令，他們的依據就是朱熹在淳熙間，重修

白鹿洞書院，並立學規，且學規很奏效。不僅如此，在朝鮮的很多書院，也都供奉有朱熹的塑像。

不過後來朱熹的學說受到政府禁錮，書院也受到了一定影響。到嘉定十年（1217 年），他的兒子朱在任職時，重新使書院得到了光大。朱在不僅在規承其父，而且在其父修建的基礎上，對書院建築也進行了擴大，「破者新之，無者增之，狹者廣之」，經過朱在的修建，白鹿洞書院的規模遠遠超過其他的書院，被稱為「書院之首」。

朱氏父子對白鹿洞書院貢獻可謂是功勛卓著，這得到了眾人的認可，如元人高若鳳在《送人讀書白鹿洞》曾云：「碧瓦參差儼杏壇，白雲深鎖洞門閒。不宗朱氏原非學，看到匡廬始是山。」可見，高氏不僅把白鹿洞書院直接與孔子教育眾弟子的杏壇相比，而且還認為如果不循朱熹之學，就不是真正的學問。

白鹿洞書院在康熙、乾隆兩朝都得到了褒獎，康熙帝送其御書「學達性天」匾額，並頒送了《十三經註疏》、《二十一史》等經、史圖書。乾隆帝同樣也贈送其御書「洙泗心傳」匾額，並曾作《白鹿洞詩》和《白鹿洞賦》，以肯定白鹿洞書院的教育貢獻。不過，這已是白鹿洞書院最後的輝煌了。

清末社會格局發生了急遽變化，書院教育已經不能適應

社會的實際情況，整個社會都在進行教育改革。光緒二十四年（1898年），光緒帝下令改書院為學堂，光緒二十九年（1903年）白鹿洞書院停辦。雖然在宣統二年（1910年），白鹿洞書院被改為江西高等林業學堂，但並沒能一直開辦下去。1949年後，中國政府對白鹿洞書院進行了保護和維修，但再沒有在此進行辦學活動，它真正成了古代書院的遺蹟。

如今的白鹿洞書院，所存古建築多是明清時期的。如櫺星門石坊和白鹿洞為明代遺存，禮聖門和御書閣為清代遺構，禮聖殿和祠宇等建築則是按清制修復的。

白鹿洞前是朱子祠，是為紀念朱熹而建的祠廟。朱子祠東廂，設有碑廊，內有宋至明清石碑一百二十餘塊。朱子祠的後面有一石洞，內有一頭可愛的石雕白鹿，此即為白鹿洞。其實，這是明代嘉靖十三年（1534年）所建。當時知府王溱到白鹿洞書院，看到院內並無洞，也無白鹿，甚覺不妥，於是就在後山上開鑿出一個石洞，並將一個石雕白鹿置於其中。在他看來，如此，白鹿洞就實至名歸了。在朱子祠西側，是書院內最高級別的建築──禮聖殿。它為重檐歇山式建築，檐角高翹，迴廊環繞，粉色牆體，青瓦覆蓋。在其牆上，嵌有石碑和孔子畫像石刻。禮聖殿東側是一座兩層的御書閣，它是為康熙賜給經、史等圖書而建。因其藏有皇帝御賜圖書，故名「御書閣」。

　　歷經千年的學府，為古代書院教育建立標的的白鹿洞書院，歷來都不乏歌詠之作。唐代詩人王貞白就有《白鹿洞二首》，其一云：「讀書不覺已春深，一寸光陰一寸金。不是道人來引笑，周情孔思正追尋。」於此可見，王貞白到了白鹿洞，所想到的就是讀書、惜時。宋朝詩人項安世也有《白鹿洞書堂》一詩，其云：「山人居白鹿，書洞有遺蹟。為世作星鳳，真堪慰泉石。」在此，項安世直稱白鹿洞書院為世上的稀世之珍——景星和鳳凰。

　　也許正是由於對白鹿洞書院的崇拜，當詩人們看到它的衰敗與蕭條，才難掩心中那份失落。如項安世還有一首《游白鹿洞書院》，其云：

　　晦翁一別遂千秋，跨鹿乘雲何處游。
　　人隨流水去不返，名與好山空自留。
　　峰巒楫楫田園淨，藤刺深深磴道幽。
　　寶匣塵生絃索斷，遺音重撫淚雙流。

　　全詩之中，處處瀰漫的是詩人的失落之情和對白鹿洞書院鼎盛時期的追憶。清代的羅運崍，在其《白鹿洞》中云：「洞濕寒莓古，祠荒壞壁低。」可見，這時的白鹿洞書院，觸目皆是荒涼，而不再有「白鹿雖無歸洞跡，青衿猶有讀書聲」的情形。

第三節　嵩陽書院名天下，司馬範程亦大家 ── 嵩陽書院

　　嵩陽書院地處河南登封市區以北，位於嵩山的太室山上。由於其在嵩山的南面，而古人稱河之北與山之南為陽，因而它就被稱為「嵩陽書院」。據史載，它是中國最早的書院。

　　嵩陽書院最早創立於北魏孝文帝太和八年（484 年），當時為佛教活動場所，名為「嵩陽寺」。據載，此寺香火非常旺盛，寺僧多達數百人。到了隋朝，隋煬帝為求長生不老，把此地改為道教場地，更名為「嵩陽觀」，讓道士在此煉丹。唐朝唐高宗李治和武則天，兩次到此並居住於嵩陽觀，並封嵩陽觀為奉天宮。這使嵩陽觀在當時的道觀中，聲名遠播。

　　五代時期，戰亂不斷，各地寺觀多受到破壞，唯獨嵩陽觀依然香火興旺。並且，在觀內還匯聚了一些有遠見卓識的道人，招收學徒，宣講道義。後周顯德二年（955 年），周世宗柴榮將嵩陽觀改為「太乙書院」，又稱「太室書院」，使其正式成為皇家書院，既傳授道教教義，也教授儒家文化。這為後來成為專門從事儒家文化教育的嵩陽書院的建立打下了基礎。

　　宋朝至道二年（996年），宋太宗趙光義頒賜太室書院匾額，並《九經》、《史子》等圖書。大中祥符三年（1010年），朝廷又賜給太室書院一些經史等圖書，並增加了學田十頃。景祐二年，河南府重修太室書院，皇帝下詔把太室書院改作嵩陽書院，同時頒賜御筆嵩陽書院匾額。從此，嵩陽書院的名稱就正式確立了，並且成為當時全國四大書院之一。

　　嵩陽書院能成為著名書院，不僅與朝廷的惠賜有關，還與在此登壇講學的講師有關。在較短的時期內，嵩陽書院就迎來了知名人士程顥、程頤二兄弟，以及司馬光、范仲淹等，二程兄弟及范仲淹的治民觀點與當時主政大臣王安石相左，他們公開在嵩陽書院闡發自己的觀點，批駁王安石的做法。這一舉動贏得了眾多士子之青睞，紛紛投奔嵩陽書院。對此，當代詩人聞山曾概括說：「嵩陽書院名天下，司馬範程亦大家。」不僅如此，據載，司馬光所著影響後世甚巨的《資治通鑒》，有一部分就是在此完成的。

　　由於二程兄弟當時在全國名氣很大，使得進入嵩陽書院跟隨他們讀書都成了一件難事。據說，此事還成就了一段「程門立雪」的佳話。

　　楊時、游酢二人千里迢迢來到嵩陽書院，想隨從程頤學習。到了程頤門首，他們從門縫中看到程頤正閉目養神。二人沒有驚動程頤，而是站在門外等候。這時，天空正飄著雪

花。不久，二人全身都落滿了雪花，成了雪人，但他們不敢踩腳活動，怕驚動了屋內的程頤。再後來，二人的四肢都凍麻木了。這時，程頤打開房門，發現外面有兩尊雪人，甚為驚奇。走近發現那竟是兩個人。於是詢問緣由，楊時、游酢就表達了想隨從他求學的心願。程頤就對二人說：「涵養須用敬，進學在致知；識仁於精勤，有志者事竟成。」二人一聽，這是不收二人做門生的意思，馬上雙膝下跪，長時不起。程頤見二人確實有求學之心，就收他們做了門生。楊時、游酢二人也沒有負程頤的厚望，與呂大臨、謝良佐同為程門的四大弟子，後又成為全國有名的學者。

元、明兩朝，嵩陽書院都沒能突破宋朝的興盛局面。時至清代康熙、乾隆時期，嵩陽書院才終於迎來了發展史上的一次高潮。康熙十三年（1674 年），知縣葉封對嵩陽書院破敗的院舍進行了修建。康熙十六年（1677 年），少詹事耿介對嵩陽書院進行擴建，使得學院面積達一百一十三萬平方公尺，學院建築有先賢祠、先師殿、三賢祠、麗澤堂、藏書樓、道統祠、博約齋、敬文齋、三益齋等。

乾隆對它更是眷顧有加，還特意為其撰寫的御詩《嵩陽書院》，其詩云：

> 書院嵩陽景最清，石幢猶紀故宮名。
> 虛誇妙藥求方士，何似菁莪育俊英。

山色溪聲留宿雨，菊香竹韻喜新晴。

初來豈得無言別，漢柏陰中句偶成。

　　乾隆首先對嵩陽書院所處的優美、清靜的環境讚譽有加，然後對其發展歷史進行描述，描述中批判了前朝皇帝求仙荒謬，肯定嵩陽書院作為儒學教育之所的重要意義。書院得風流博學的乾隆帝如此獎掖，何愁其聲名不青雲直上呢。

　　乾隆之後，嵩陽書院開始走向衰落，至清末已經難以開展日常的教育。時至 1936 年 9 月，蔣介石到嵩山遊覽嵩陽書院時，想在書院舉辦一個培訓班，看到水資源缺乏，就下令在院內鑿機井一眼，今稱「蔣公井」。不過井鑿了，培訓班並沒有辦成。1942 年，留學日本東京大學，時任中華書局經理、國民參政員的翟倉陸等人，在嵩陽書院內創辦了「中嶽中學」，但由於抗日戰爭爆發，1945 年春登封淪陷後就停辦了。

　　最可喜的是，2009 年，鄭州大學在歷史學院及其他人文社會科學院系有關資源的基礎上，成立了新的嵩陽書院，成為鄭州大學的二級學院。嵩陽書院在新的教育體系下，成為本科生、碩士生、博士生的教學和研究基地，特別是中原文化研究的重要基地，這使得歷經千餘年的學府永保青春，為社會持續不斷地輸送菁英。

　　由於歷朝對於嵩陽書院的重視，使其建築得到了最大程

度的保留。2010年8月，嵩陽書院與周公測景臺、觀星臺、少林寺三處建築群、會善寺、中嶽廟、東漢三闕、嵩岳寺塔八項十一處建築，作為登封「天地之中」歷史建築群，被列入聯合國教科文組織《世界遺產名錄》。

現在的嵩陽書院，基本保持著清代的建築布局。整個書院呈中軸對稱，共分五進院落，由南向北依次為大門、先聖殿、講堂、道統祠和藏書樓，中軸線兩側配房相連，共有古建築一百零六間。建築多為硬山滾脊灰筒瓦房，古樸大方，雅緻不俗，與中原地區眾多的紅牆綠瓦、雕梁畫棟的寺廟建築截然不同。書院南北長一百二十八公尺，東西寬七十八公尺，占地面積九千九百八十四平方公尺。

嵩陽書院的大門是一座面闊三間卷棚式硬山建築，門額有「嵩陽書院」四個大字。大門兩側的柱聯，是清乾隆皇帝於乾隆十五年（1750年）游嵩山時所撰，其云：「近四旁，唯中央，統泰華恆衡，四塞關河拱神岳。歷九朝，為都會，包伊廛洛澗，三臺風雨作高山。」

先聖殿為一座硬山卷棚式三開間建築，額匾為「先聖殿」三個金字，其門聯為「至聖無域渾天下，盛極有範垂人間」。殿內供奉有孔子站像、孔子弟子像和十二先哲畫像。講堂位於先聖殿後，為一座面闊三間、硬山卷棚式建築，其門聯為「滿院春色催桃李，一片丹心育新人」。堂內設教案、課桌、

課椅等教具，東山牆上繪有〈二程講學圖〉，西山牆介紹宋代在嵩陽書院任教人員名單，傳略、書院教學的特點，以及中國古代學制演變情況等。

道統祠是一座面闊三間、櫺門檻窗、歇山式滾脊灰筒瓦覆頂建築，其門聯為「海納百川有容乃大，壁立千仞無慾則剛」，祠內供奉帝堯、夏禹、周公的石膏頭像，後壁懸掛帝堯、夏禹、周公當年在嵩山地區巡狩、治水、測影等活動情況的大型圖畫。道統祠前建有泮池，池上架拱橋以通往來，在拱橋的兩側分別刻有「泮池橋」三個字。

藏書樓是一座面闊五間、硬山卷棚式兩層磚木結構建築，是嵩山書院貯藏圖書的地方。此樓原藏書千餘部，但大部分現已遺失，僅存清代時期的一些書籍。現此樓陳列有《二程全書》、《二程遺書》、《四書五經》、《中州道學編》、《四書近指》、《理學要旨》、《說文解字》和稀世國寶《唐武后金簡》等。

其實，除了這些建築，書院內還有很多穿越千年時空的古物，如將軍柏和大唐碑，都可稱得上是稀世珍寶。

將軍柏為三株古柏的統稱。據說在西漢時期，這三株柏樹就已經相當粗大。與之相關的，是一個無從考證其真假的傳說。

　　西漢元封元年（西元前 110 年），漢武帝劉徹登游嵩山，行走間，看到路旁一棵大柏樹，威武挺拔，粗大無比，他仰望再三，連聲稱讚，並封此柏樹為「大將軍」。可是沒走多遠，又碰到一棵比前面那棵還要粗大的柏樹，只好再次封號，但又不能更改前封，便封為「二將軍」。又沒走多遠，遇到第三棵柏樹，而且這棵比前兩棵都要粗大，漢武帝知道自己前邊封錯了，但又要維護自己的皇帝尊嚴，只得封這第三棵為「三將軍」。

　　對此，現今還流傳著這樣一首民謠：「大封小來小封大，先入為主成笑話；三將軍惱怒自焚死，二將軍不服肚氣炸；大將軍笑倒牆頭上，自覺有愧頭低下；是非顛倒兩千載，金口玉言誰評價。」如果這個傳說是真的，那將軍柏可是有三千餘年的歷史了，絕對是稀世之物。

　　在嵩陽書院的大門旁，還有一座唐碑，名為《大唐嵩陽觀紀聖德感應之頌》碑，碑高 9 公尺，寬 2.04 公尺，1.05 公尺，為嵩山地區碑制之冠，為唐玄宗天寶三年（744 年）所立，主要記述了嵩陽觀道士孫太沖為唐玄宗李隆基煉丹九轉的故事。它就是乾隆帝所說「石幢猶紀故宮名」中的石幢。此碑文為唐朝奸臣李林甫所撰，碑的背面和兩側有歐陽永叔跋文和遊人題詞，大都為唾罵撰文者李林甫的文字。刻石為著名書法家徐浩所書，字為八分古隸楷書，一筆不苟，剛柔適度，

筆法遒雅，是書法珍品。雖然眾人皆痛恨李林甫，卻因為此碑為徐浩所書，才使它留存了下來。

當代詩人聞山有詩云：「周柏唐碑稀世寶，頹垣依舊有光華。」就是說，即使嵩陽書院的院舍再破舊、頹敗，只要有了將軍柏和唐碑，它依舊是光彩照人、華麗無比的。如今，成為鄭州大學一部分的嵩陽書院，將繼續為中國的文化傳播做出自己的貢獻。

第四節　石出蒸湘攻錯玉，鼓響衡岳震南天 —— 石鼓書院

石鼓書院，坐落於湖南省衡陽市的石鼓山。據北魏酈道元《水經注》載，石鼓山「山勢青圓，正類其鼓，山體純石無土，故以狀得名。」此山地處蒸水、湘水、耒水匯合處，由於水浪的衝擊，石鼓山經常會發出雷鳴般的響聲。對此，晉代庚仲初《觀石鼓書》描繪說：「鳴石含潛響，雷駭震九天。」

石鼓山形狀奇特，峻峭挺拔，三面臨水，風景秀異，唐貞觀時期（627～650年），衡州刺史宇文炫題「東崖」、「西溪」四字於東西岸壁上。唐天寶年間（742～755年），道士董奉先在石鼓山的「朱陵後洞」內修煉九華丹。唐朝詩聖杜甫，

曾兩次到此遊覽。唐德宗貞元三年（787 年），宰相齊映貶任衡州刺史，在此山建有「合江亭」，大文豪韓愈為之創作有《合江亭序》，在「紅亭枕湘江，蒸水會其左。瞰臨眇空闊，綠淨不可唾」的文字描述中，石鼓山名聲大噪。

唐憲宗元和五年（810 年），衡陽秀才李寬在合江亭旁建屋讀書，取名為「尋真觀」，又名為「李寬中秀才書院」。當時的衡州刺史呂溫到此看望李寬，並記之以詩《同恭夏日題尋真觀李寬中秀才書院》云：

> 閉院開軒笑語闌，江山併入一壺寬。
> 微風但覺杉香滿，烈日方知竹氣寒。
> 披卷最宜生白室，吟詩好就步虛壇。
> 願君此地攻文字，如煉仙家九轉丹

可見，呂溫對此書院的景色與在此地攻讀，都是非常讚賞的。

到了宋朝，宋太宗趙光義在太平興國二年（978 年），頒賜「石鼓書院」匾額給李寬中秀才書院，從此書院就更名為石鼓書院。並且，這次皇帝還賞賜了大量的田地給書院，讓書院擁有了自己的學田。這對於書院是非常重要的，因為有了學田，書院才能維持正常工作。

宋太宗至道三年（997 年），李寬的後人李士真，徵得衡州郡守同意，對先人李寬的書院進行了擴建，在這裡成立

了正式的書院，並憑藉著太宗頒賜的學田，開始招收生徒講學。宋仁宗景祐二年（1035 年），衡州任知府劉沆，把石鼓書院的故事上報給宋仁宗。宋仁宗閱過劉沆的奏摺後，又親賜御筆「石鼓書院」匾額。在同一朝代兩次享受皇帝賜額，這對於石鼓書院來說絕對是莫大的殊榮。也正是因為得到了最高統治者的眷顧，石鼓書院被推至當時書院之首的位置，還一度被改做州學。

南宋初年，石鼓書院已經破敗。在淳熙十二年（1185 年），潘疇在石鼓書院的舊址上，重修數屋，並懸掛宋仁宗所賜「石鼓書院」匾額，讓那些有志於學術而不屑於科舉的人在此研習學問。但是這項工作還未結束，他就調任了。

繼任的提刑宋若水，在潘疇的基礎上，完成了所有工作，且收藏了很多圖書，並請時任湖南安撫使的朱熹撰寫了《石鼓書院記》。由於朱熹此前對把白鹿洞書院、岳麓書院治理的聞名全國。經朱熹作記，石鼓書院迎來第二個鼎盛期。

時至元代，石鼓書院的學田曾一度被寺僧侵占。山長和眾儒生據理力爭達六十年之久，終於要回學田。可惜不久之後，石鼓書院的建築又毀於元末的戰火之中。

明永樂十一年（1413 年），知府史中重修石鼓書院，並增設禮殿祭祀孔子，乾張祠祭祀韓愈、張栻。正德四年（1509

年）葉釗為山長時，相從學習者甚多，「時學者翕然雲從」。此
後，不斷有大家前來講學，如湛若水、王守仁、趙大洲、皮
鹿門等。到萬曆四十年（1612 年），觀察鄧雲霄大修書院，建
有講堂、敬義堂、回瀾堂、大觀樓、仰高樓、砥柱中流坊、
欞星門、風雩、滄浪、禹碑、合江亭等，可謂「殿祠號舍，罔
不完葺」，規模極一時之盛。然而，石鼓書院最終還是沒有逃
過明末的戰火。

　　清順治十四年（1057 年），巡撫袁廓宇奏請皇帝，對石鼓
書院進行修復，並重新招收生員，研習學業。不過這次的規
模比較小。康熙七年（1668 年），知府張奇勛擴建石鼓書院，
增加了號舍二十餘間。二十八年（1689 年），知府崔鳴拿出
其俸祿，再次對石鼓書院增建，增加七賢祠、仰高樓、大觀
樓、敬業堂、留待軒、浩然臺、合江亭及東西齋房等建築，
一時求學者雲集於此，學風甚盛。

　　對於乾隆時期的石鼓書院，其學風之盛，學者之多，衡
陽縣令陶易曾有《石鼓書院》一詩記錄。其詩描繪石鼓書院
「英才薈萃」的景象云：

　　曠代儒風喜未顏，一時講院盡英才。
　　雙流環繞宮牆蕭，喬木陰森士氣培。
　　祀典已崇新俎豆，詩篇長煥舊亭臺。
　　自今游履休嫌憂，綠竹西溪一逕開。

乾隆時期的「一時講院盡英才」，也難以承受它後期的衰落與改制，雖然王闓運也曾為其撰聯：「石出蒸湘攻錯玉，鼓響衡岳震南天」。到了清末，石鼓書院的鼓，突然就有些「啞」了。

時至光緒二十八年（1902 年），在實行新法的大潮中，石鼓書院被改為衡陽官立中學堂。石鼓書院的書院生命，從此就終結了。不過，其教育場地的使命，還在繼續。兩年之後，它又被改為湖南南路師範學堂。民國時期，它先後被改為衡郡女子職業學校和湖南省立第三師範學校。但是，書院所處之地畢竟太狹小了，不適宜於做大學場地。後來，湖南省立第三師範學校也搬走了。

學校搬走後沒多久，在抗戰中，書院的房舍、樓閣、亭臺、祠堂也化為烏有，片瓦無存。一座歷時近千年的學府，就這樣成了衡陽的記憶。

1964 年，時任中共中央中南局第一書記的陶鑄來衡陽視察，要求恢復衡陽的名勝古蹟，特別是石鼓書院。但因條件有限，僅培植了樹木花圃，建以亭榭，在石鼓書院的廢墟上，建造了一座石鼓公園。

2006 年 6 月，衡陽市人民政府決定重修石鼓書院，依照清代石鼓書院的格局，一座嶄新的石鼓書院又出現在人們面前。

現在的石鼓書院主要由禹碑亭、武侯祠、李忠節公祠、大觀樓、合江亭、朱陵洞等象徵性建築物組成。

禹碑亭位於石鼓書院大門後的長廊末端，它是一座四角重檐攢尖頂式建築。禹碑亭的柱上有一副對聯：「蝌蚪成點通，天地衍大文」，此聯是就亭中央的禹碑上的內容所寫的。禹碑上有形如蝌蚪的文字，人稱「蝌蚪文」。據專家考證，其內容記述的是大禹治水之事。不過，具體每個蝌蚪文字的意思是什麼，還沒有人能識辨。

武侯祠位於二門之內的右邊。武侯就是三國時期蜀國的諸葛亮，他曾隨劉備一起打天下，蜀國建立後，被封武鄉侯，世人稱其為「武侯」。他曾在衡陽督辦長沙、零陵、桂陽三郡軍賦，居於石鼓山上。為紀念這位偉人，宋時在書院內建立武侯祠。祠堂門有楹聯：「心遠地自偏，問草廬是耶非耶，此處想見當日；江流石不轉，睹秋水來者逝者，伊人宛在中央。」祠內諸葛武侯像為金鉑木雕，高 1.8 公尺，左右有抱琴和持劍的兩個小書僮，神態逼真，栩栩如生。

李忠節公祠位於二門之內的左邊。李忠節公名李芾，字叔章，南宋衡州人。南宋德佑元年，他臨危受命，任潭州知州兼湖南安撫使，率領軍民抗擊來犯的元軍三月有餘，後來城被攻破，全家殉難。元代在衡州城南金鰲山李芾故宅建李忠節公祠，配祀李芾部將沈忠和衡陽縣令穆演祖。清代時將

其移至石鼓書院。

大觀樓是恢復石鼓書院的核心建築。它位居兩祠堂後，石鼓山頂第一級平台的中心位置。樓名寓意登樓觀景，心懷天下，故謂之「大觀」。在大觀樓一層大廳正中，有先聖孔子的漢白玉雕像，兩旁分置李寬、韓愈、李士真、周敦頤、朱熹、張栻、黃勉齋等七賢的木版線刻畫像。大觀樓二層是石鼓書院的歷史介紹及陳列品。

合江亭由唐代齊映建造，為樓閣建築，上下兩層。韓愈到此遊覽時，登亭感懷，一氣呵成了著名的《合江亭記》，且因其中名句「瞰臨眇空闊，綠淨不可唾」，此亭又被稱為「綠淨閣」。合江亭柱上有楹聯：「石鼓雙江水，昌黎一首詩。」

此外，石鼓書院的其他景觀，如東岩曉白、西谿夜蟾、綠閣蒸風、窪尊藏雪、釣合晚唱、棧道枯藤、合江凝碧等，都是比較知名的。並且，為了照應石鼓書院的名稱，這次重修，還專門在書院內放置了一面新鑿就的石鼓，以期這座曾在歷史上發揮過重大作用的育人基地，在當今社會的建設中，再次捶出震耳的響鼓之聲。

參考書目

1. 餘秋雨著《文化苦旅》，作家出版社，2008 年。

2. 江岩編著：《名勝文化》，中國經濟出版社，1995 年。

3. 段文杰著：《敦煌石窟藝術論集》，甘肅人民出版社，1988 年。

4. 徐自强、吳夢麟著：《中國的石刻與石窟》，商務印書館，1996 年。

5. 葛曉音著：《中國的名勝古迹》，商務印書館，1996 年。

6. 楊布生、彭定國編著：《中國書院與傳統文化》，湖南教育出版社，1992 年。

7. 喻學才主編《中國旅遊名勝詩話》，中國林業出版社，2002 年。

8. 敦煌研究院編：《講解莫高窟》，浙江文藝出版社，2006 年。

9. 馬書田著：《中國神只文化全書》，團結出版社，1996 年。

參考書目

10. 程裕禎等編著：《中國名勝古迹辭典》，中國旅遊出版社，
    2001 年。

11. 林岩、李益然主編：《長城辭典》，文彙出版社，1999 年。

12. 秦始皇陵兵馬俑考古隊編：《奇迹：秦始皇陵·兵馬俑》，
    陝西人民出版社，2002 年。

13. 仲偉行等編著：《鐵琴銅劍樓研究文獻集》，上海古籍出
    版社，1997 年。

電子書購買

爽讀 APP

國家圖書館出版品預行編目資料

遺跡與文化遺產：從秦始皇陵到嵩陽書院，解讀古代建築藝術的深遠影響 / 過常寶，李志遠著 . -- 第一版 . -- 臺北市：崧燁文化事業有限公司 , 2024.05
面；　公分
POD 版
ISBN 978-626-394-306-3(平裝)
1.CST: 文化遺址 2.CST: 文化遺產 3.CST: 中國
797.8　　113006602

遺跡與文化遺產：從秦始皇陵到嵩陽書院，解讀古代建築藝術的深遠影響

臉書

作　　　者：過常寶，李志遠
發 行 人：黃振庭
出 版 者：崧燁文化事業有限公司
發 行 者：崧燁文化事業有限公司
E - m a i l：sonbookservice@gmail.com
粉 絲 頁：https://www.facebook.com/sonbookss/
網　　　址：https://sonbook.net/
地　　　址：台北市中正區重慶南路一段 61 號 8 樓
8F., No.61, Sec. 1, Chongqing S. Rd., Zhongzheng Dist., Taipei City 100, Taiwan
電　　　話：(02) 2370-3310　　傳　　　真：(02) 2388-1990
印　　　刷：京峯數位服務有限公司
律師顧問：廣華律師事務所 張珮琦律師

定　　　價：299 元
發行日期：2024 年 05 月第一版
◎本書以 POD 印製